El mundo amarillo

Albert Espinosa (Barcelona, 1973) es actor, director, guionista e ingeniero industrial, además de creador de las películas *Planta 4.ª*, *Va a ser que nadie es perfecto*, *Tu vida en 65'*, *No me pidas que te bese porque te besaré* y *Live is Life*. Asimismo, es creador y guionista de la serie *Pulseras rojas*, basada en su libro *El mundo amarillo* y en su lucha contra el cáncer, y de *Los espabilados*, basada en *Lo que te diré cuando te vuelva a ver*. También ha publicado los éxitos *Si tú me dices ven lo dejo todo... pero dime ven*, *Todo lo que podríamos haber sido tú y yo si no fuéramos tú y yo*, *Estaba preparado para todo menos para ti*, *La noche que nos escuchamos*, *Qué bien me haces cuando me haces bien* y, recientemente, *Cree en los sueños y ellos te crearán*.

El total de su obra literaria se ha publicado en más de cuarenta países, con casi 3 millones de ejemplares vendidos en todo el mundo.

Para más información, visita la página web del autor:
www.albertespinosa.com

También puedes seguir a Albert Espinosa en Facebook, X e Instagram:

- Albert Espinosa
- @espinosa_albert
- @albertespinosapuig

ALBERT ESPINOSA

El mundo amarillo

DEBOLS!LLO

Papel certificado por el Forest Stewardship Council®

Abril de 2025

© 2008, Albert Espinosa Puig
© 2008, 2025, Penguin Random House Grupo Editorial, S. A. U.
Travessera de Gràcia, 47-49. 08021 Barcelona
Diseño de la cubierta: Penguin Random House Grupo Editorial

Penguin Random House Grupo Editorial apoya la protección de la propiedad intelectual. La propiedad intelectual estimula la creatividad, defiende la diversidad en el ámbito de las ideas y el conocimiento, promueve la libre expresión y favorece una cultura viva. Gracias por comprar una edición autorizada de este libro y por respetar las leyes de propiedad intelectual al no reproducir ni distribuir ninguna parte de esta obra por ningún medio sin permiso. Al hacerlo está respaldando a los autores y permitiendo que PRHGE continúe publicando libros para todos los lectores. De conformidad con lo dispuesto en el artículo 67.3 del Real Decreto Ley 24/2021, de 2 de noviembre, PRHGE se reserva expresamente los derechos de reproducción y de uso de esta obra y de todos sus elementos mediante medios de lectura mecánica y otros medios adecuados a tal fin. Diríjase a CEDRO (Centro Español de Derechos Reprográficos, http://www.cedro.org) si necesita reproducir algún fragmento de esta obra.
En caso de necesidad, contacte con: seguridadproductos@penguinrandomhouse.com

Printed in Spain – Impreso en España

ISBN: 978-84-663-5782-1
Depósito legal: B-1.473-2025

Compuesto en La Nueva Edimac, S. L.
Impreso en Liberdúplex
Sant Llorenç d'Hortons (Barcelona)

P 3 5 7 8 2 1

Cree y crea.
El creer y el crear
están a una letra de
distancia.

Albert

Índice

Prólogo conmemorativo por las 35 ediciones de
El mundo amarillo 11
Prólogo: «Cuidado, este libro es Albert, si entras en él,
no querrás salir» 13
Mi inspiración 17
¿El porqué de este libro? 19

PARA EMPEZAR...
EL MUNDO AMARILLO

¿Dónde nace? 23
¿Qué es el mundo amarillo? 27

PARA SEGUIR...
LISTA DE DESCUBRIMIENTOS
PARA CONVERTIR TU MUNDO EN AMARILLO

Primer descubrimiento: «Las pérdidas son positivas» . . 33
Segundo descubrimiento: «No existe la palabra dolor» . 38

Tercer descubrimiento: «Las energías que aparecen a los treinta minutos son las que solucionan el problema».   43

Cuarto descubrimiento: «Haz cinco buenas preguntas al día»   48

Quinto descubrimiento: «Muéstrame cómo andas y te mostraré cómo ríes»   52

Sexto descubrimiento: «Cuando estás enfermo llevan un control de tu vida, un historial médico. Cuando estás viviendo, deberías tener otro. Un historial vital» . .   57

Séptimo descubrimiento: «Hay siete consejos para ser feliz»   63

Octavo descubrimiento: «Lo que más ocultas, es lo que muestra más de ti»   68

Noveno descubrimiento: «Junta los labios y sopla» . .   71

Décimo descubrimiento: «No tengas miedo de ser la persona en la que te has convertido»   74

Undécimo descubrimiento: «Encuentra lo que te gusta mirar y míralo»   78

Duodécimo descubrimiento: «Comienza a contar a partir de seis»   81

Decimotercer descubrimiento: «La búsqueda del sur y del norte»   85

Decimocuarto descubrimiento: «Escúchate enfadado» .   87

Decimoquinto descubrimiento: «Hazte pajas positivas» .   90

Decimosexto descubrimiento: «Lo difícil no es aceptar cómo es uno, sino cómo es el resto de la gente» . .   92

Decimoséptimo descubrimiento: «El poder de los contrastes»   95

Decimoctavo descubrimiento: «Hiberna veinte minutos»   99

Decimonoveno descubrimiento: «Busca a tus compañeros de habitación del hospital fuera de él» . . . 102
Vigésimo descubrimiento: «¿Quieres tomarte un REM conmigo?» 107
Vigesimoprimer descubrimiento: «El poder de la primera vez» 110
Vigesimosegundo descubrimiento: «Truco para no enfadarse jamás». 113
Vigesimotercer descubrimiento: «Gran truco para saber si quieres a alguien» 116
23 descubrimientos que sirvieron para enlazar dos edades: de los catorce a los veinticuatro años 118

PARA VIVIR...
LOS AMARILLOS

Los amarillos 123
¿Cómo encontrar a los amarillos y cómo distinguirlos?. 141
Batería de preguntas amarillas. 149
Conclusiones sobre los amarillos. 157

Y DESCANSAR...
EL FIN AMARILLO

El fin amarillo. 163

Epílogo... 171

Prólogo conmemorativo
por las 35 ediciones de *El mundo amarillo*

Cuando me comentaron que, entre todos los formatos, habíamos llegado a las 35 ediciones de este libro que tienes en las manos, no me lo podía creer... Y es que este mundo amarillo no ha dejado de crecer desde que lo escribí y de darme alegrías y felicidad... La alegría y la felicidad de sentir la energía positiva de tanta gente que me ha escrito después de leerlo y las increíbles y deliciosas historias que me han contado sobre sus amarillos y sobre parte de su vida.

Este prólogo que acompaña a esta nueva portada será corto, tan sólo unas líneas desde mi hoy... Hoy que es martes, que es verano, que ha llovido, que he dormido poco, que he sentido que mi vida giraba nuevamente, que cogía una nueva dimensión cerca de Garraf y que sigo amando poderosamente esa frase que acompaña al título: «Si crees en los sueños, ellos se crearán». Seguid creyendo... Seguid creando...

Tan sólo deseo añadir que continúo queriendo muchísimo *El mundo amarillo*. Ha sido y será mi primer libro y, como los niños primerizos, tiene algo de especial que siempre me unirá a él.

Gracias a todos los que habéis leído, regalado, querido y sentido este libro y que sois los verdaderos causantes de que aún esté visible en librerías y se siga reeditando.

El poder de los amarillos, el poder que tenéis, es inmenso. Gracias.

Albert
Verano 2011 (martes... julio... casa)

Prólogo:
«Cuidado, este libro es Albert, si entras en él, no querrás salir»

Albert tiene el espíritu curioso de Sherlock Holmes y la apariencia de Watson. Su perfecto desaliño al vestir te hace sospechar de si se lo ha preparado antes de salir de casa. Es raro hasta para ser coqueto.

Una de sus aficiones preferidas es mirar. Entra sin permiso por las ventanas de tus ojos y obtiene toda la información que necesita. Su sensor emocional es casi infalible y cala al ser humano, con la facilidad de esas cajas de supermercado que saben el precio del producto con sólo leer el código de barras. Cuando acierta sabe de ti mucho más que tú.

Albert le ha ganado varias batallas a la muerte, por eso sus historias rebosan tanta vida. Es hiperactivo, prefiere perder sueño a perder experiencias. Su velocidad mental es de vértigo. Si quieres contarle algo tiene que ser muy bueno o muy rápido.

Si deseas captar su interés, no le cuentes tu vida, deja que la descubra él. Es otra de sus aficiones preferidas.

Le encanta provocar pero lo hace con la intención de normalizar. Me hizo una prueba para su última película: *No me pidas que te bese porque te besaré*, en la que teníamos una secuencia en una piscina ficticia. Acababa de conocerlo. De repente se quitó la pierna ortopédica. Lo hizo con tanta normalidad que eché mano de la mía a ver si podía hacer lo mismo. Fue un acto histérico, intentaba aparentar normalidad pero la escena me descolocó. Él se dio cuenta y con la misma normalidad con que se había quitado la pierna izquierda, empezó a hablarme de uno de los temas más recurrentes en su peli/vida: el universo de las pajas. Conectamos de inmediato. Olvidé la prueba, olvidé la pierna, olvidé que él era el director y me encontré con un colega que hablaba de sensaciones que yo compartía.

Aparenta treinta años pero lleva más de quince repitiendo adolescencia. De ahí su frescura. De ahí su limpieza. De ahí que siga pensando que si puede imaginarse, puede hacerse.

Albert es poderoso porque no se rinde nunca. Y como último recurso negocia: cambia pierna y pulmón por vida. Ha aprendido a perder con el único objetivo de ganar. Y se hace más fuerte. Y sale a saciarse de vida. Y escribe obras de teatro, largometrajes, series de televisión, novela... Y usa con maestría el humor para contarnos un drama. Y junta la realidad más cercana con nuestros sueños más lejanos. Y viene a decirnos que la única minusvalía es la emocional y que vivimos en una sociedad que no comparte sentimientos.

Albert habla de un mundo al alcance de todos y que tiene el color del sol: *el mundo amarillo*. Un sitio cálido donde los besos pueden durar diez minutos, donde los desconocidos pueden ser tus mejores aliados, donde el contacto físico pierde su connotación sexual, donde el cariño es algo tan cotidiano como comprar el pan, donde el miedo pierde su significado, donde la muerte no es eso que les pasa a los demás, donde la vida es lo más valioso, donde todo está donde tú quieres que esté.

Este libro habla de todo esto, de todo lo que sentimos y no decimos, del miedo a que nos quiten lo que tenemos, de reconocernos enteramente y apreciar quiénes somos cada segundo del día. ¡Larga vida a Albert!

Eloy Azorín,
actor

Mi inspiración

Gabriel Celaya era ingeniero industrial y poeta. Yo soy ingeniero industrial y guionista. Ambos somos también zurdos. Hay algo en su poema «Autobiografía» que me engancha hasta la médula y me toca el esófago. Y creo que es porque en ese poema creó su mundo. Su mundo, el «mundo Celaya». No hay nada que me atraiga más que la gente que crea mundos.

Y es que ese poema está compuesto por prohibiciones, prohibiciones que crean una vida. Prohibiciones que marcaron su vida. De alguna manera, si quitásemos esas prohibiciones encontraríamos su mundo. Lo que él piensa que debería ser su mundo. Son un montón de «noes» que excluyen lo que no desea para encontrarnos con un montón de «síes». Me gusta esa manera de ver la vida.

Como hizo él en «Autobiografía», yo intentaré dividir este inicio del libro en: «Para empezar», «Para seguir», «Para vivir» y «Morir». Serán cuatro bloques que, como él predijo, forman lo que es la vida de cualquiera de nosotros.

Por si no conocéis el poema, a continuación podéis gozar de él:

Autobiografía

No cojas la cuchara con la mano izquierda.
No pongas los codos en la mesa.
Dobla bien la servilleta.
Eso, para empezar.

Extraiga la raíz cuadrada de tres mil trescientos trece.
¿Dónde está Tanganika? ¿Qué año nació Cervantes?
Le pondré un cero en conducta si habla con su compañero.
Eso, para seguir.

¿Le parece a Ud. correcto que un ingeniero haga versos?
La cultura es un adorno y el negocio es el negocio.
Si sigues con esa chica te cerraremos las puertas.
Eso, para vivir.

No seas tan loco. Sé educado. Sé correcto.
No bebas. No fumes. No tosas. No respires.
¡Ay sí, no respires! Dar el no a todos los «no»
y descansar: Morir.

GABRIEL CELAYA

¿El porqué de este libro?

Siempre deseé hablar del mundo amarillo, de lo que yo llamo mi mundo, el mundo en el que habito. Si algún día ves alguna película mía, lees algún guión mío, te fijas en algún personaje creado por mí, encontrarás parte de ese mundo amarillo. Y ése es el mundo que me hace feliz. El mundo en el que me gusta vivir.

Siempre había querido escribir un libro pero sólo me ofrecían libros sobre: «Cómo superar el cáncer» o «Cómo sobrevivir al cáncer». Libros que no me interesaba escribir. El cáncer no necesita un libro para vencerlo, creo que haberlo escrito sería una total falta de respeto a los que luchan contra el cáncer y a toda la gente que he conocido durante mis años en el hospital. No hay claves para vencer al cáncer, no hay una estrategia secreta. Tan sólo debes escuchar tu fuerza, crear tu lucha y dejarte guiar.

Por ello, me parece más interesante hacer un libro sobre lo que me enseñó el cáncer y cómo eso se puede aplicar a la vida diaria. Y eso es lo que intentaré contar en *El mundo amarillo*.

Creo, sin duda, que el cáncer está vivo y luchar contra él hace que le des muchas vueltas a la cabeza y aprendas grandes lecciones. Después te curas y te encuentras de nuevo con la vida, donde puedes aplicar esas lecciones.

No es éste un libro de autoayuda, no creo demasiado en la autoayuda. Es tan sólo un libro donde recojo experiencias que a mí me han servido.

Y sobre todo es un libro para hablar de los «amarillos», del concepto amarillo. Espero y deseo que a partir de la lectura de este libro, te pongas a buscar tus amarillos. Ése sería para mí el mejor premio.

Es verano, un verano no muy caluroso. Es de noche, una noche no muy cerrada. Llevo mi pierna ortopédica puesta (la de ir por casa). Estoy bebiendo un vaso bien frío de Coca-Cola y sé que es hora de comenzar a plasmar sobre el papel este mundo amarillo.

Y justo después, añado que es finales de septiembre (que es cuando estoy realizando la revisión del texto). Hace frío, llueve y estoy en mitad del rodaje del corto *Destination Ireland* del maestro Carlos Alfayate. Siento que el tiempo corre y cada día está más cerca el nacimiento del libro.

Espero que este libro nos una como amarillos. Para cualquier sugerencia, deseo o búsqueda me encontrarás en albert19@telefonica.net

Albert Espinosa,
julio-septiembre de 2007

PARA EMPEZAR...

El mundo amarillo

No cojas la cuchara con la mano izquierda.
No pongas los codos en la mesa.
Dobla bien la servilleta.
Eso, para empezar.

GABRIEL CELAYA

¿Dónde nace?

Pues nace del cáncer. Me gusta la palabra cáncer. Hasta me gusta la palabra tumor. Puede sonar macabro, pero es que mi vida ha estado unida a estas dos palabras. Y nunca he sentido nada horrible al decir cáncer, tumor u osteosarcoma. Me he criado junto a ellas y me gusta pronunciarlas en voz alta, proclamarlas a los cuatro vientos. Creo que hasta que no las dices, que no las haces parte de tu vida, difícilmente puedes aceptar lo que tienes.

Es por ello por lo que es necesario que en este primer capítulo hable del cáncer, porque en los siguientes utilizaremos las enseñanzas del cáncer para sobrevivir a la vida. Así que me centraré primero en él y en cómo me afectó.

Yo tenía catorce años cuando ingresé en el hospital por primera vez. Tenía un osteosarcoma en la pierna izquierda. Dejé el colegio, dejé mi entorno y comencé mi vida en el hospital.

Tuve cáncer durante diez años, de los catorce a los veinticuatro. Eso no significa que pasara diez años ingresado, sino que estuve diez años visitando diversos hospitales para curarme de cuatro cánceres: pierna, pierna (la misma que en el primer cáncer), pulmón e hígado.

En el camino dejé una pierna, un pulmón y un trozo de hígado. Pero debo decir, justo en este momento, que fui feliz con cáncer. Lo recuerdo como una de las mejores épocas de mi vida.

Puede chocar ver esas dos palabras juntas: feliz y cáncer. Pero fue así. El cáncer me quitó cosas materiales: una pierna, un pulmón, un trozo de hígado, pero me dio a conocer muchas otras cosas que jamás podría haber averiguado solo.

¿Qué puede darte el cáncer? Creo que la lista es interminable: saber quién eres, saber cómo es la gente que te rodea, conocer tus límites y sobre todo perder el miedo a la muerte. Quizá esto último sea lo más valioso.

Un día me curé. Tenía veinticuatro años y me dijeron que no tenía que volver al hospital. Me quedé helado. Fue extraño. Lo que mejor sabía hacer en mi vida era luchar contra el cáncer y ahora me decían que estaba curado. La extrañeza (o atontamiento) me duró seis horas, luego me volví loco de alegría; no volver a un hospital, no volver a hacerme radiografías (creo que me he hecho más de doscientos cincuenta), no más análisis de sangre, fin de los controles. Era como un sueño hecho realidad. Era absolutamente increíble.

Pensé que en pocos meses me olvidaría del cáncer. Tendría una «vida normal». El cáncer sería tan sólo una época de mi vida. Pero en lugar de eso (nunca lo he olvidado) pasó algo inesperado, y es que jamás imaginé cuánto me ayudarían las enseñanzas del cáncer en la vida diaria.

Es sin duda, el gran legado que me ha dejado el cáncer. Unas enseñanzas (por llamarlas de algún modo, aunque quizá prefiero la palabra descubrimientos) que ayudan a que mi vida sea más fácil, a ser más feliz.

Lo que explicaré en este libro no es otra cosa que cómo aplicar en la vida diaria lo que aprendí con el cáncer. Sí, exacto, ahora que lo pienso, así podría titularse el libro: *Cómo sobrevivir a la vida a través del cáncer*. Quizá llegue a ser el subtítulo del libro. Suena raro, suena justo lo contrario a la mayoría de los libros que suelen escribirse, pero es así. La vida es paradójica; me encantan las contradicciones. Quiero recalcar que el libro es un compendio de lo que yo aprendí del cáncer y también de los descubrimientos que me mostraron amigos míos que también lucharon contra esta enfermedad.

Y es que los compañeros de habitación son muy importantes. Y es que hasta incluso todos los chicos que teníamos cáncer, que nos hacíamos llamar Pelones, teníamos un pacto, un pacto de vida: nos repartíamos las vidas de los que morían. Un pacto inolvidable, bonito, de alguna manera deseábamos vivir en los otros, ayudarlos a luchar contra el cáncer.

Siempre creímos que los que morían habían debilitado un poco más al cáncer y hacían que a los que sobrevivíamos nos fuera más fácil ganar. Durante los diez años de cáncer me tocaron 3,7 vidas. Así que este libro lo escribimos 4,7 personas (las 3,7 vidas ajenas y la mía propia). Nunca olvido esas 3,7 vidas y siempre intento hacerles justicia. Si a veces es complicado vivir una vida, ¡imagina la responsabilidad de vivir 4,7 vidas!

Bien, hasta aquí el cáncer y yo. Me gusta cómo lo he resumido, estoy contento. El inicio está contado. Ahora sigamos con el mundo amarillo.

¿Qué es el mundo amarillo?

Seguro que te lo estarás preguntando desde que compraste este libro de color amarillo (yo ahora lo veo amarillo, ya veremos qué pasa hasta cuando se publique, quizá la portada del libro acabe siendo pardusca o naranja), o quizá desde que oíste en algún programa de radio que alguien hablaba sobre los amarillos y algo de lo que escuchaste, te hizo ir a comprar este ejemplar.

El mundo amarillo es el nombre que he puesto yo a una forma de vivir, de ver la vida, de nutrirse de las lecciones que se aprenden de los momentos malos y de los buenos. El mundo amarillo se compone de descubrimientos y sobre todo de descubrimientos amarillos, que son los que le dan nombre. Pero a eso ya llegaremos, paciencia.

Lo que sí puedo asegurarte es que en este universo no hay reglas. Cualquier mundo se rige por reglas, pero el mundo amarillo no las tiene. No me gustan las reglas, así que jamás deseé que mi mundo las tuviera. Sería una incongruencia. Y es que no creo que sean necesarias, no sirven de nada, sólo están para que te las saltes. Nada de lo que te dicen que es sagrado en esta vida creo que lo sea. Nada de lo que digan que es lo correcto creo que lo sea. Todo tiene dos caras, todo tiene dos perspectivas.

Yo siempre he creído que el mundo amarillo es el mundo en el que realmente estamos. El mundo que nos muestran las películas, el del cine, es un mundo creado por tópicos que no son verdad, y acabamos pensando que el mundo es así. Te enseñan cómo es el amor, y luego te enamoras y no es como en las películas. Te enseñan cómo es el sexo, luego tienes sexo y tampoco se parece al de las películas. Hasta te enseñan cómo son las rupturas de las parejas. Cuántas veces la gente ha quedado con su pareja en un bar y ha emulado una ruptura de cine. Y no funciona, no funciona porque lo que en el celuloide se despacha en cinco minutos, luego a ti te lleva seis horas y al final no rompes sino que te comprometes a casarte o a tener un hijo.

Tampoco creo en las etiquetas que pretenden definir a las generaciones. Yo no me siento generación X, ni generación iPod, ni mucho menos me siento generación metrosexual o übbersexual.

¿Qué me siento? Amarillo (que es algo individual que no forma parte de un colectivo). Soy amarillo, soy un amarillo de alguien. Pero a eso ya llegaremos.

Así pues, no hay etiquetas, no hay reglas, no hay normas. Supongo que te estarás preguntando cómo se va a articular este libro y este mundo, como voy ordenar los conceptos. Pues a través de una lista. Creo en las listas, me encantan. Soy ingeniero industrial, de ahí que ame los números y si amas los números amas las listas.

Todo lo que leerás a partir de aquí es una gran lista. Una lista de conceptos, una lista de ideas, una lista de sentimientos, una lista llena de felicidad. Una lista de descubrimientos que hicieron que creara lo que yo considero mi mundo.

Son descubrimientos breves que recojo en capítulos cortos. Son pequeñas trazas para comprender otra forma de ver el mundo. No tengas miedo a vivir el mundo amarillo. Solamente debes creer en él.

Yo tengo una máxima: si crees en los sueños, ellos se crearán. Creer y crear son dos palabras que se parecen y se parecen tanto porque en realidad están cerca, muy cerquita. Tan cerquita como que si crees, se crea.

Cree...

Y ahora vayamos directos al gran capítulo, el que contiene estos descubrimientos: PARA VIVIR... Aquí están la mayoría de las experiencias y aplicaciones del cáncer extrapolables a la vida y que forman las trazas que puedes seguir para crear tu mundo amarillo.

Son 23 puntos que debes unir con líneas, unir conceptualmente en tu mente, y aparecerá una forma de vida. Un mundo amarillo.

Cada punto, cada descubrimiento lleva por título alguna de las frases que escuché durante mi vida en el hospital. Son frases que me dijo alguien mientras estaba enfermo y que me marcaron de tal manera que jamás las he olvidado. Son como partes de un poema, inicios de una canción, sentimientos que siempre olerán a quimioterapia, a vendas, a espera de visitas y a compañeros de habitación con pijamas azules. A veces, las palabras son las que te proporcionan los caminos. Pocas palabras pueden engendrar en uno una idea. A veces las frases más importantes son las que menos importancia creemos que tienen.

Adéntrate y cree. Eso sí, cree pero jamás a pies juntillas. Todo es cuestionable, todo es discutible. Y te lo dice alguien que se define con la letra «A»: Albert, Apolítico, Agnóstico y Amarillo.

PARA SEGUIR...

Lista de descubrimientos para convertir tu mundo en amarillo

(Lecciones del cáncer aplicadas a la vida)

Extraiga la raíz cuadrada de tres mil trescientos trece.
¿Dónde está Tanganika? ¿Qué año nació Cervantes?
Le pondré un cero en conducta si habla con su compañero.
Eso, para seguir.

GABRIEL CELAYA

Primer descubrimiento: «Las pérdidas son positivas»

> Hazle una fiesta de despedida a la pierna. Invita a la gente que tenga que ver con tu pierna y despídela por todo lo alto. ¿No te apoyó durante toda una vida?, pues apóyala tú ahora que ella se marcha.
>
> *Mi traumatólogo el día anterior*
> *a que me amputasen la pierna*

Las pérdidas son positivas. Sé que cuesta creer en ello, pero las pérdidas son positivas. Tenemos que aprender a perder. Debes saber que tarde o temprano todo lo que ganas lo perderás.

En el hospital nos enseñaban a aceptar la pérdida, pero no poniendo el énfasis en la palabra «aceptar», sino en «pérdida». Ya que aceptar es una cuestión de tiempo, perder es una cuestión de principios.

Hace años cuando alguien moría, sus familiares más cercanos pasaban un tiempo de duelo: vestían de negro, sufrían y no salían de casa. El duelo era una época para pensar en la pérdida, vivir para la pérdida.

Hemos pasado del duelo a la nada absoluta. Ahora se te muere alguien y en el tanatorio te dicen: «Tienes que superarlo». Rompes con tu pareja y la gente quiere que en dos semanas salgas con otra persona. Pero ¿y el duelo? ¿Dónde queda el duelo, pensar en la pérdida, en lo que significa la pérdida?

El cáncer me quitó mucho: un pulmón, una pierna, parte del hígado, movilidad, experiencias, años de colegio… Pero quizá la pérdida más sentida fue la de la pierna; recuerdo que el día anterior a que me la amputasen mi médico me dijo: «Hazle una fiesta de despedida a la pierna. Invita a la gente que tenga que ver con tu pierna y despídela por todo lo alto. ¿No te apoyó durante toda una vida?, pues apóyala tú ahora que ella se marcha».

Tenía quince años y no organicé una fiesta de adolescente para perder la virginidad (como me habría gustado) sino una fiesta para perder la pierna. Recuerdo como si fuera hoy cuando llamé a gente relacionada con la pierna (me costó un poco, no era fácil entrarles). Después de dar muchas vueltas y hablar de mil cosas, les acababa diciendo: «Os invito a la fiesta de despedida de la pierna, no traigáis nada. Y si queréis podéis venir a pata». Me pareció importante añadir esta referencia a la pata para quitarle hierro al asunto. Sin duda alguien genial decidió dotarnos de humor, la salvación a todos nuestros conflictos… Un sentimiento extraño que nos permite darle la vuelta a todo, cuando y como deseemos.

A aquella fiesta tan curiosa invité a la gente relacionada con mi pierna: a un portero de fútbol al que le metí cuarenta y cinco goles en un partido (bueno, vale, le metí sólo uno, pero lo invité), a una chica con la que hacía piececillos bajo la mesa, a un tío con el que hacía excursionismo (por la cuestión de las agujetas, ya no se me ocurrían tantos invitados), y también invité a un amigo mío que tenía un perro que me mordió cuando yo tenía diez años. Lo peor es que el perro vino e intentó volver a morderme.

Fue una fiesta preciosa. Creo que la mejor que he organizado, y sin duda, la más original. Al principio la gente estaba cortada, pero poco a poco empezamos a hablar de la pierna. Todos contaron anécdotas relacionadas con ella. La tocaron por última vez. Fue una noche preciosa que jamás olvidaré.

Cuando la noche acababa y el día despuntaba, a pocas horas de entrar en el quirófano se me ocurrió el broche de oro: un último baile a dos piernas. Se lo pedí a una enfermera y me dijo que sí. Yo no tenía música pero mi compañero de habitación tenía muchos CD de Machín (era un fan de Machín, él mismo se autodenominaba el Manisero). Puse el CD que me prestó y sonó «Espérame en el cielo». No había canción más adecuada para ese momento, para ese final. La bailé diez o doce veces con aquella enfermera. Mis doce últimos bailes. ¡La bailé tantas veces! Sobre todo deseaba no escuchar nada, que Machín mágicamente se fundiera con mi mente, que fuera un sonido repetitivo, una banda sonora que cubriera todo ese momento. ¿No te gusta cuando la música se repite tantas y tantas veces que ya no oyes las palabras, los sonidos? Entonces esa música, esas palabras son como el viento, algo que está ahí, que notas, sientes pero que no necesitas escuchar, tan sólo sentir.

Al día siguiente me cortaron la pierna. Pero no estaba triste, pues me había despedido, había llorado, había reído. Había, sin saberlo, realizado mi primer duelo, había hablado sin tapujos de la pérdida y la había transformado en ganancia.

Me gusta pensar que no he perdido una pierna, he ganado un muñón y una fantástica lista de recuerdos relacionados con la pierna:

1. Una fiesta de despedida preciosa (¿cuánta gente puede presumir de haber tenido una fiesta tan chula?).
2. Recordar mis segundos primeros pasos (olvidas los primeros, pero jamás olvidas los segundos primeros pasos con tu pierna mecánica).
3. Y además, como enterré mi pierna soy de los pocos en este mundo que puede decir que tiene un pie en el cementerio, pero no en sentido figurado sino real. Siempre me da mucha risa pensar que soy de los afortunados que puede decirlo literalmente.

Sin duda, las pérdidas son positivas. Me lo enseñó el cáncer. Y eso es algo que puede trasladarse al mundo sin cáncer. Ya que cada día sufrimos pérdidas, algunas importantes que nos desilusionan, otras menores que nos inquietan. No son como perder un miembro, pero la técnica para superarlas es la misma que aprendí en el hospital.

Cuando pierdas, convéncete de que no pierdes, estás ganando la pérdida. Haz un duelo. Los pasos son…

1. Recréate en la pérdida, piensa en ella.
2. Sufre con ella. Invita a la gente que tenga que ver con esa pérdida, pídeles consejo.
3. Llora (los ojos son nuestros limpiaparabrisas privados y públicos).
4. Busca la ganancia de la pérdida y tómate tu tiempo.
5. A los pocos días te sentirás mejor. Notarás lo que has ganado. Pero recuerda que puedes volver a perder esa sensación.

¿Funciona? Seguro. Yo jamás tuve fantasma. El fantasma es la sensación de notar la pierna cuando no la tienes, y creo que no tuve fantasma porque, sin saberlo, me despedí tan bien de la pierna que hasta el fantasma se fue.

El primer descubrimiento del mundo amarillo: *Las pérdidas son positivas*. Que nadie te convenza de lo contrario.

A veces las pérdidas serán pequeñas, otras veces las pérdidas serán grandes, pero si te acostumbras a entenderlas, a enfrentarte a ellas, al final te darás cuenta de que no existen como tal. Cualquier pérdida es una ganancia.

Segundo descubrimiento: «No existe la palabra dolor»

> ¿Y si las inyecciones no duelen? ¿Y si en realidad reaccionamos al dolor tal como nos enseñan las películas sin percatarnos de si en realidad sentimos dolor? ¿Y si en realidad el dolor no existiese?
>
> *David, gran pelón, del que poseo 0,6 % de su vida*

No existe el dolor. Ésta fue la frase que más oí repetir a los pelones en mis tiempos en el hospital. Los pelones era el nombre que nos pusieron unos médicos y unas enfermeras, en referencia a nuestra falta de pelo, aunque normalmente un pelón sería alguien que tiene mucho cabello. Me gusta cuando las palabras hacen de las suyas, cuando los errores crean conceptos. Nos gustaba ese nombre, nos hacía sentir parte de una banda, nos hacía sentir jóvenes, fuertes y sanos. Las etiquetas a veces funcionan tan bien y te dan tanto bienestar…

En los Pelones, como en cualquier buena banda que se precie, teníamos un par de gritos: «No somos cojos, somos cojonudos». Era un grito que nos llenaba de orgullo. El segundo en la lista de los más coreados era: «No existe el dolor». De tanto gritarlo, de tanto lanzar esta consigna a los cuatro vientos, el dolor al final se fue.

Existe lo que se denomina el umbral del dolor, el momento en el que empiezas a notar dolor; es la antesala del dolor, el momento en el que tu cabeza piensa que le va a doler algo. El umbral del dolor está a medio centímetro del dolor. Sí, puedo medirlo. Creo que por haber estudiado ingeniería industrial utilizo los números para cuantificar sentimientos, dolores y personas. A veces, tengo la sensación de que mezclar ingeniería y cáncer hace que se produzca este fenómeno.

Poco a poco, dejamos de notar dolor. Primero fueron los dolores de los pinchazos de la quimio; siempre que te ponen una inyección te duele. Pero descubrimos que el dolor proviene de pensar que existe. ¿Y si las inyecciones no duelen? ¿Y si en realidad reaccionamos al dolor tal como nos enseñan las películas sin percatarnos de si en realidad sentimos dolor? ¿Y si en realidad el dolor no existiese?

Todas estas ideas provenían del más sabio de los pelones; llevaba con cáncer desde los siete años, y en ese momento tenía quince. Para mí fue y será siempre el espejo en el que me miro. Nos reunía, nos hablaba, casi podría decir que nos adoctrinaba y que siempre podía convencerte de cualquier cosa.

Cuando le oí decir que el dolor podía desaparecer simplemente por poner en duda que existiese me pareció una inmensa tontería y cuando me hablaba del umbral del dolor, entonces ya no entendía nada.

Pero un día, en una de las sesiones de quimio (y me dieron más de ochenta y tres), decidí creer en lo que me había dicho. Miré la inyección, miré mi carne y no introduje la tercera variable. No formó parte de la ecuación del dolor, no pensé que tuviese que doler. Tan sólo que una aguja se acercaría a mi piel, la traspasaría y extraería sangre. Sería como una caricia; una caricia extraña y diferente. Una caricia entre el hierro y la carne.

Y misteriosamente así fue: por primera vez no noté dolor, sentí esa extraña caricia. Aquel día la enfermera necesitó doce pinchazos para encontrar la vena, ya que con la quimio se van desdibujando y son más y más difíciles de encontrar. No me quejé ni una vez porque era mágico, casi poético, pensar en esa sensación. No era dolor, en realidad era algo que no tenía nombre pero que no se parecía en nada al dolor.

Fue aquel día cuando comprendí que dolor es una palabra que no tiene ningún valor práctico; al igual que el miedo. Son palabras que asustan, que provocan dolor y miedo. Pero, en realidad, cuando no existe la palabra, no existe la esencia de lo que quieren significar.

Creo que lo que aquel gran pelón, del que poseo el 0,6 de su vida (el mejor 0,6 que hay en mí), quería decir era que no existe la palabra dolor; tan sólo eso, que no existe como palabra, como concepto. Debes averiguar qué sientes (como en el caso de la inyección), y no pensar que eso equivaldrá a dolor. Debes probarlo, saborearlo y decidir qué es lo que sientes. Te aseguro que muchas veces el dolor será placer, el dolor será divertido o el dolor será poético.

En los siete años siguientes que tuve cáncer jamás sentí dolor, porque el cáncer, en la mayoría de los casos (excepto en un 10 o 12 %), no es doloroso. Las películas son las que lo han convertido en algo doloroso. Me es difícil recordar alguna película en la que alguien que tiene cáncer no llore de dolor, vomite, se muera o tome morfina en grandes cantidades. Siempre reflejan lo mismo: dolor y muerte.

Cuando escribí *Planta 4.ª* fue, sobre todo, porque quería escribir una peli positiva, realista, que se cargara el tópico y mostrara cómo suele ser la vida de la gente con cáncer. Cómo viven ese «falso» dolor que aparece en todas las pelis. Cómo luchan, cómo mueren pero no cómo todo gira en torno al vómito, al dolor y a la muerte.

Cuando me curé pensé que olvidaría esta lección, pero fue la primera que recordé. Hay muchos dolores fuera del hospital, fuera de la vida hospitalaria y no son dolores médicos, no tienen que ver con una inyección, o con una intervención quirúrgica. Tienen que ver con otras personas, algunas personas que infligen dolor, queriendo o sin querer.

Y fue en esa vida sin cáncer cuando realmente me sentí dolorido: de amor, de tristeza, de orgullo, laboralmente. Fue cuando recordé que el dolor no existe; la palabra dolor no existe. Fue cuando volví a pensar en qué sentía cuando me pasaban esas cosas cuando me di cuenta de que en realidad a veces se trataba de nostalgia, a veces de indefensión, a veces de desazón y a veces de soledad. Pero no era dolor.

Cuando era pequeño, cuando aprendí en el hospital que no existe el dolor, me sentí, con catorce años, como un superhéroe, con el superpoder de no sentir dolor. Tenía un amigo del cole que me decía: «Estás hecho de hierro, no notas los pinchazos». Ahora, de mayor, me doy cuenta de que, en realidad, sigues recibiendo pinchazos; a veces tres o cuatro de golpe en sitios diferentes, a veces sólo uno y directo al corazón. El secreto no es ser de hierro o insensible, sino dejar que te penetren, que te toquen y rebautizar qué sientes.

La lista es fácil. El descubrimiento es sencillo: «No existe la palabra dolor». Los pasos…

1. Busca palabras cuando pienses en «dolor». Busca cinco o seis que puedan definir qué sientes, pero que ninguna sea dolor.
2. Cuando los tengas, piensa cuál es el que define mejor qué sientes; ése es tu dolor. Ésa es la palabreja que define lo que sientes.
3. Cámbiala, obvia la palabra dolor y coloca la nueva. Dejará de dolerte y podrás sentir con fuerza esa nueva denominación. Ese sentimiento.

Parece imposible que funcione pero con el tiempo lo dominarás y te darás cuenta de que el dolor no existe. El dolor físico, el dolor del corazón, en realidad esconde otras sensaciones, otros sentimientos. Y ésos son superables. Cuando conoces qué tienes, es más fácil superarlo.

Tercer descubrimiento: «Las energías que aparecen a los treinta minutos son las que solucionan el problema»

> Sobre todo no abran los sobres con los resultados de la radiografía.
>
> *Los médicos a los pacientes*

> Abrámoslo inmediatamente.
>
> *El paciente a su familiar en cuanto recibe el sobre*

Muchas veces, en el hospital, teníamos que ir a buscar resultados de pruebas. No hay ningún momento de más tensión que cuando tienes el sobre de un tac o una radiografía en las manos.

Durante diez años de mi vida, aquella situación se repitió muchas veces. Te daban las radiografías y el sobre con los resultados y te repetían que no lo abrieras, que lo entregaras al médico.

Normalmente faltaban quince días desde la entrega del sobre hasta la visita con el médico. Quince días es mucho tiempo para mantener cerrado un sobre que podía revelar que el cáncer había vuelto en forma de recidiva en alguna parte de tu cuerpo. (En pocas palabras: una recidiva podría definirse como volver a tener cáncer.)

Todos mis amigos del hospital, todos, lo abrían. Era evidente. ¿Cómo pueden pensar que mantendrás cerrado durante dos semanas algo tan importante?

Últimamente asesoro a algunos médicos sobre cómo tratar a los pacientes y les cuento siempre que esto sería lo primero que tendrían que cambiar: este procedimiento está demasiado desfasado. Ellos siempre sonríen como diciendo: ya sabemos que lo abrís. Es como un pacto no escrito: vosotros lo abrís, lo leéis, volvéis a pegarlo y nosotros hacemos ver que no nos damos cuenta. Siempre me han horrorizado este tipo de pactos, no comprendo que todo el mundo sepa cosas y haga ver que no las sabe. Me parece un sinsentido.

De todos modos, el problema no es el sobre cerrado, sino lo que contiene. La cuestión es cómo afrontar una noticia importante, una noticia que puede cambiarte la vida. En el hospital aprendimos a hacerlo; aprendimos a base de equivocaciones, como casi todo en esta vida.

Al principio abríamos el sobre como locos, en el mismo hospital, dos minutos después de que nos lo entregaran. Recuerdo ciertas imágenes en el pasillo: mi padre, mi madre y yo inclinados sobre una hoja, leyendo, bueno, la palabra exacta sería devorando, lo que contenía ese papel.

Poco después nos dimos cuenta de que no era buena idea abrirlo en un hospital; no debes recibir o dar malas noticias en un lugar en el que has pasado o pasarás mucho tiempo. Siempre hay que encontrar un lugar neutral. Así que abríamos el sobre en restaurantes (a los que íbamos por primera vez), en calles desconocidas (cuyo nombre olvidaríamos) o en el metro. Pero seguíamos cometiendo un error: desde que nos daban el sobre hasta que lo abríamos jamás transcurrían más de quince minutos. Sin saberlo, buscábamos calles, restaurantes y metros cercanos. Teníamos una urgente necesidad de saberlo; como si algo nos quemara por dentro.

Con el tiempo, cuando ya nos habían entregado cuarenta o cincuenta sobres, descubrimos el método perfecto. No hay duda de que se puede ser profesional incluso leyendo diagnósticos médicos: basta repetir muchas veces la misma acción y mejorarla hasta que no parezca que la estás repitiendo.

El método perfecto consistía en:

1. Recoger el sobre tranquilamente, guardarlo y llevarlo a casa contigo sin hacerle el menor caso…

2. Esperar media hora exacta, sin pensar en él, sin dedicarle un solo segundo. Y cuando hubiera pasado exactamente media hora…

3. Ir a un lugar tranquilo y abrirlo. Esa media hora es el tiempo que necesita tu cuerpo para tranquilizarse y tu mente para serenarse; es como si toda tu ansiedad desapareciese. Y lo mejor de todo es que cuando reaccionas, tras haber vis-

to los resultados, éstos son media hora más viejos. Son como una noticia antigua y eso les resta fuerza y te da poder.

Sé que puede parecer extraño. ¿Por qué media hora y no una hora? ¿Por qué no diez minutos? ¿Tan importantes son esos treinta minutos? Pues sí. Creo que, de tanto recibir noticias importantes, he descubierto que hay algo en nuestro cuerpo que desea conocerlas al instante y ese algo es lo que nos ciega. Es como una pasión que a los treinta minutos exactos desaparece y activa otras energías que desean saber qué pasa, pero que son capaces de hallar soluciones. Son ansias con otros objetivos, que luchan, ansias que crean soluciones.

Cuando dejé el hospital pensé que no volvería a encontrar disyuntivas tan intensas como las que me planteaban los sobres de radiografías. Y naturalmente así fue, pero he encontrado la manera de adaptar mi teoría de los treinta minutos.

Muchas veces recibo un e-mail y sé que es importante; veo cómo llega a mi buzón de entrada, pero no lo abro; lo miro, aún está en negrita, y no lo abro. Espero treinta minutos, me relajo, dejo que las ansias cambien y luego lo abro.

Es genial, funciona. Además, sea lo que sea lo que recibas, sean buenas o malas noticias, has dejado pasar media hora y tu respuesta no es precipitada, no es fruto de una reacción poco meditada. Parece que hayas tardado media hora en decidir qué escribir. Y lo mismo pasa con los mensajes de móviles, entre muchas otras cosas.

Este descubrimiento también es útil para las conversaciones con la gente, sobre todo en lo que concierne con la elección del lugar y el momento de hablar con esa persona.

Sigo usando la regla de los treinta minutos y debo confesar que a veces la alargo hasta cuarenta o cuarenta y tres minutos. Es como dilatar el tiempo, como ser amo y señor de tus respuestas y tus ansias.

Cuarto descubrimiento: «Haz cinco buenas preguntas al día»

> Coge una libreta y apunta, apunta todo lo que no comprendas.
>
> *Mi médico, el día que me dijo que tenía cáncer*

Éste fue el primer consejo que me dio el médico que me trató cuando llegué al hospital. Más concretamente, me dio una libreta y me dijo que apuntara todo lo que no entendiera.

Seguidamente me explicó lo que me pasaría, cancerígenamente hablando, durante los siguientes cinco años. Fue impresionante, acertó prácticamente en todo. A veces, recuerdo en sueños ese momento y me imagino qué hubiera pasado si en lugar de hablar del cáncer, hubiera hablado de mi vida. Podría haber hecho una predicción de mi vida a cinco o diez años vista. De quién me enamoraría. A qué me dedicaría. Eso sí que habría sido realmente impresionante.

Sin embargo, no pretendo quitarle valor, porque lo que

hizo también lo tuvo. Me habló de biopsias, de tumores, de osteosarcomas, de recidivas. Mis padres escuchaban y yo apuntaba, no dejaba de anotar. Era extraño, porque a medida que escribía me sentía mejor. Era como si exteriorizar mis preguntas escribiéndolas, hiciera que se perdiera el misterio, el miedo, el terror.

Al acabar, me miró y me dijo: «¿Alguna pregunta?». Yo le contesté que tenía cuarenta y dos. Que eran las que me había dado tiempo a apuntar. Aquel día me contestó las cuarenta y dos, pero me surgieron veintiocho más. Cuanto más me explicaba más dudas tenía, pero cuantas más resolvía más en paz me quedaba. Era un círculo donde tanto él como yo salíamos ganando.

Nunca he dudado que tener información es básico para todo en la vida. No puedes luchar contra el cáncer si no sabes contra qué te enfrentas. Primero, conocer al contrincante; seguidamente investigarlo, y finalmente luchar.

Creo que lo mejor de la época en la que tuve cáncer, fue que siempre me dieron las respuestas. Las respuestas curan, las respuestas ayudan. Hacerte preguntas equivale a sentirte vivo. Que te den las respuestas demuestra que tienen confianza en que sabrás qué hacer con esa información.

Pero no sólo en épocas de enfermedad aparecen dudas. La vida genera muchas y muchas preguntas. Cuando salí del hospital comencé a plantearme preguntas. Yo había dejado el colegio a los quince años y no volví hasta que pisé una universidad. Las preguntas aparecían a centenares. Fue entonces cuando decidí comprarme una libreta amarilla (no sé por qué elegí ese color, aunque ahora me doy cuenta). Comencé a apuntar preguntas y decidí también escoger a quién hacérselas.

En el hospital era fácil:

1. Las preguntas difíciles al médico.
2. Las medianas a la enfermera.
3. Y las fáciles (o las complicadas) a los celadores y a los compañeros de habitación.

Pero en la vida no todo está tan claro. Así que apuntaba la cuestión, la duda que tenía y la persona que podía resolvérmela. La verdad es que te lo recomiendo; al principio te sentirás tonto apuntando preguntas estúpidas y personas que crees que poseen la respuesta. Pero según te las vayan respondiendo, la eficacia del método y ver que te sientes mejor te convertirá en adicto a la libreta.

Yo he usado este método en todos los ámbitos de mi vida: el afectivo, el familiar, el amical o amarillo (ya explicaré más tarde quiénes son los amarillos). Y siempre me he sentido bien.

Así que el método es fácil.

1. Decide un color para la libreta. El color debe tener que ver contigo. Cada uno de nosotros desprende un color, y no tiene nada que ver con la ropa con la que nos vestimos. Te puede encantar el azul de tus vaqueros, pero quizá tu color es el naranja. Descubrirás tu color de una forma muy fá-

cil. Mira una caja de rotuladores y elige uno para dibujar, el que desees: ése es tu color.

2. Cómprate diez libretas. Sí, lo sé. Una parece suficiente, pero en realidad cada libreta es para un ámbito. Siempre he pensado que la gente tiene diez inquietudes en su vida, diez diversos caminos. Así que utiliza una por camino.

3. Apunta todas las dudas. Dudas tontas: ¿cómo logra la gente peinarse tan bien? Dudas complicadas: ¿cómo es posible que la gente se enamore y yo sólo piense en el sexo? Dudas eternas: ¿quién soy? ¿Quién quiero ser? ¿No sé absolutamente nada? Dudas prácticas: ¿cómo se alquila una avioneta? ¿Cómo se tramita un divorcio?

4. Busca quién tiene esas respuestas. Al lado de cada pregunta debe haber siempre un posible candidato a responder. Jamás dejes vacío ese apartado, pon a alguien, aunque no lo conozcas todavía, aunque sea alguien famoso o inventado o imposible.

5. Pregunta, absorbe, apunta la duda que surja y vuelve a preguntar. Cuanto más sacies tus dudas mejor te sentirás.

En el hospital nos decían que es bueno beber dos litros de agua al día. Mi médico siempre añadía: «Y hacer cinco buenas preguntas». No lo olvides, cada día expón cinco dudas y bebe dos litros de agua.

Quinto descubrimiento: «Muéstrame cómo andas y te mostraré cómo ríes»

> Reír no es fácil. Respirar tampoco. Faltan escuelas de risa y respiración. ¿Te aburro?
>
> *Las últimas palabras que escuché del enfermero que me llevó al quirófano antes de que me amputaran la pierna*

Nacemos con carencias, muchas, variadas. Con el tiempo las cubrimos de una manera u otra. A veces de forma correcta, a veces simple y llanamente como podemos. Incluso hasta puede que ni sepamos que las tenemos. El cerebro es tan listo que a veces nos oculta las informaciones más básicas acerca de nosotros mismos.

No sabemos andar, pero poco a poco encontramos los andares. Yo tuve la suerte de tener cuatro andares.

1. Mis primeros andares, a los pocos años de nacer. Un andar de pasos rápidos, que al llegar a la adolescencia fue co-

giendo un aire travieso. Un andar que me provocaba mucha risa, variada y extraña.

2. Años más tarde, mis segundos andares, cuando me pusieron mi primera pierna ortopédica-mecánica. Era un andar más tosco, más tipo muelle. Un andar que condicionó mi ser, que hacía que no me sintiera cómodo e hizo desaparecer la risa.

3. Más tarde me cambié a una pierna hidráulica; ese andar era un andar más alegre, más cantarín, más como de un musical. Ese andar hizo que me sintiera mejor y comencé a reír a carcajadas cortas, pero deslizantes. Fue cuando me di cuenta de que la risa estaba conectada con el andar. Muéstrame cómo andas y te mostraré cómo ríes. Hay algo en la forma en que caminamos que nos lleva hasta la risa, hasta el humor.

4. Ahora llevo una pierna electrónica y el andar y la risa parecen absolutamente conectados. Lo más curioso es que por la noche debo cargar la batería. A veces dudo si conectar el móvil, el ordenador o la pierna. Me da la sensación de que es un lujo poder tener estas dudas.

Y es que lo fundamental reside en el andar. La gente ya no se preocupa de andar: «Ando de esta manera, siempre he andado así». Piensan que ya no van a cambiar; si lo llevan haciendo treinta, cuarenta años, ¿por qué van a cambiar?

Pero de lo que no se dan cuenta es de que el cambio es posible. Todo consiste en buscar la respiración, practicar cuál es la respiración que va más contigo. Dedicar un rato a sentir cómo entra y cómo sale el aire de ti. Una vez que encuentras tu respiración debes pensar cómo esa respiración puede mover tus piernas. Respiración y movimiento están totalmente relacionados.

Poco a poco, irás encontrando un andar. Será distinto al que tenías, será un andar potenciado por una forma de coger y expulsar aire. Muchas veces será un andar tan diferente que no te reconocerás en un espejo cuando lo veas, tan extraño que sentirás que no eres tú quien anda sino otro. Poco a poco, si quieres, transforma ese andar nuevo en un correr. Aunque eso es para los muy iniciados.

Finalmente notarás que al andar diferente, que al tocar de un modo distinto tu pie el suelo, algo en ti nace. Una especie de sentimiento, parecido a una alegría. Ése es el germen de la risa. Ese sentimiento, esa sensación es la que debes transformar en risa.

Poco a poco, sin prisas, extrae, licua la risa que ha nacido de ese andar. Prueba cuál es la risa que te va mejor. Escúchala, primero en casa, en la intimidad. Y cuando hayas decidido una, muéstrala a tu gente, ríete con ella, sin miedo, sin vergüenza. Déjate llevar.

Ésa es tu risa. Tan sólo debes explotarla al máximo, y casi sin saberlo, esa risa cambiará tu forma de ser y tu forma de gozar esta vida.

Tardamos minutos en decidir una prenda que queremos comprar, horas para seleccionar un coche, meses para elegir nuestra casa. Sin embargo, para algo tan nuestro como la risa, que define nuestro carácter, nuestra esencia, nuestro yo, nos conformamos con la que viene de serie.

Recuerda, la lista es:

1. Busca una respiración. ¿Cómo? Respirando: cogiendo y expulsando aire. Pensando cuál es la manera de aspirar que te define. No intentes encontrarla en un día, date una semana como mínimo. Disfruta con este juego.
2. Practica esa respiración en movimiento. Deja que esa nueva forma de oxigenarte dé nuevas alas a tus pies. Camina rápido, despacio, de puntillas; todo lo que necesites. Finalmente darás con tu caminar, lo notarás.
3. Camina y disfruta del sentimiento. Durante media hora. Ese sentimiento de felicidad puede transformarse en risa. Eso que sientes es el material del que está hecha la risa. Ríete, sonríe y decídete por una forma de emitir el sonido de la alegría.
4. Practica en casa. Practica en compañía. Va muy bien imitar las risas de otros amigos tuyos. Se creará un carrusel de risas y eso es muy positivo.
5. Elige una risa, y piensa que eso es algo que te define. Siéntete orgulloso de tu nueva adquisición y muéstrasela a la gente con orgullo. He encontrado unos andares, una respiración y una risa. Son cosas que debes mostrar sin vergüenza, como si fueras un recién nacido.
6. Renueva tu risa cada dos años. Yo cada dos años me cambio la pierna y tengo la suerte que al cambiar el andar, cambia todo. También evolucionan nuestros pulmones, envejecen, pero no deben ser ellos los que marquen nuestra

respiración; hemos de adelantarnos y ser nosotros quienes marquemos cómo queremos oxigenarnos.

Anda, respira, ríe y disfruta. Es así de sencillo. Ése fue el consejo que me dio el enfermero que me llevaba al quirófano donde me amputarían la pierna. Yo pensaba en la pierna que perdería y él me hablaba de respiración, de andares, de risas. Recuerdo que la conversación acabó con un: «¿Te aburro?». Y la verdad es que no me aburría. A veces estamos tan centrados en nosotros, en nuestro problema, que olvidamos que justo en ese momento podríamos hacer el mayor descubrimiento de nuestra vida.

Sexto descubrimiento:
«Cuando estás enfermo llevan un control de tu vida, un historial médico. Cuando estás viviendo, deberías tener otro. Un historial vital»

El paciente está curado.

Última línea y última raya que escribió mi oncólogo en mi historial clínico

Mi historial médico es interminable; fue engordando día a día, mes a mes, año a año. La última vez que fui al hospital lo transportaban en un carrito, pesaba tanto que ya no podían llevarlo a cuestas.

Me gusta el color de la carpeta del historial, sobre todo porque es del mismo tono que cuando todo empezó. Pocas cosas en nuestra vida se mantienen idénticas. Sigue siendo de color gris neutro. A mí no me parece feo el color gris, tan sólo tiene mala prensa: qué día tan gris, los trajes grises... Es un color poco apreciado, sólo superado por el negro. Pero creo que es el color ideal para un historial médico, porque, a mi entender, debe tener clase, y el gris es un color con mucha clase.

En mi historial hay letras de más de veinte médicos.

1. De mi oncólogo (profesión extraña pero que alguien tiene que hacer). Son los malos de la película para cualquier enfermo de cáncer. Sin duda, cualquier médico que elige esta especialidad merece toda mi admiración.
2. De mi traumatólogo, que son los que se llevan todos los éxitos. A mí me habría gustado ser traumatólogo, creo que es lo más parecido a ser Dios.
3. De mi terapeuta de recuperación, de radiólogos, de...

La lista es interminable. Me recuerda a cuando de pequeño iba a la caza de autógrafos de futbolistas; esto es lo mismo pero con especialidades médicas y con la diferencia de que en lugar de un único garabato ininteligible hay cientos.

El último día que vi mi expediente fue en la consulta del oncólogo; escribió: «El paciente está curado». Debajo, lo recuerdo perfectamente, trazó una raya horizontal. Me impresionó mucho aquella raya. Cerró el historial, lo colocó nuevamente en el carrito y el celador se lo llevó. Ése fue el último día que vi mi historial.

Pensé que no echaría de menos ese historial. Pero cuando volví a la vida normal pensé que sería buena idea hacer uno, pero no un historial médico, sino un historial vital.

Compré una carpeta (gris, claro está) y pensé con qué

llenarla. Estaba claro que escribiría un diario; los diarios son vitales y altamente recomendables. Qué mejor que poder releer lo que te preocupaba hace dos o tres años, y darte cuenta de que ahora eso te importa un pepino (a veces porque lo has conseguido, a veces porque en realidad ni lo deseabas).

Pero los diarios son tan sólo una parte de un historial vital; no es suficiente. El placer de llevar un historial vital es que en él estará todo lo que ocurra en tu vida, tus momentos de vida, y cuando algo te sacuda, podrás ir allí, abrirlo y respirar vida.

Te preguntarás si es necesario llevar un control de tu vida. La respuesta, para mí, es un sí rotundo. ¿Sabes cuál era el sentido del historial médico? Pues simple y llanamente, apuntar y dejar constancia de cuándo tuviste tal crisis, cómo se superó, cuándo ocurrió el siguiente percance, qué sentías cuando llegó, cómo se solucionó. Mis médicos no paraban de mirar ese historial cuando había algún problema. Estoy seguro de que me evitó muchas radiografías, análisis y medicación repetida. La memoria es tan selectiva...

Lo bueno de escribir las cosas es que te das cuenta de que esta vida es cíclica: todo vuelve y vuelve. El problema es que nuestra memoria es reducida y muy olvidadiza. Realmente te fascinará ver cómo tus males o tus alegrías vitales se repiten y en tu historial vital encuentras las soluciones a todo.

Sé qué piensas. No temas, no te llevará mucho tiempo. Tan sólo debes escribir unos minutos al día y reunir objetos;

serán equiparables a las radiografías y a los análisis de sangre. Son importantes, no hay historial que no tenga pruebas (en este caso de tu vida). Pueden ser trozos de servilleta (de aquel restaurante donde lograste aquello que deseabas), piedras de alguna isla (donde tu vida avanzó un paso y te sentiste pleno) o simple y llanamente el tíquet de un aparcamiento del centro comercial donde viste aquella película que te cambió la vida.

Tu historial vital engordará y con el tiempo quizá deberás comprar una segunda y una tercera carpeta.

A lo mejor, un día morirás (y he dicho a lo mejor, no a lo peor), y tus hijos, tus amigos, tus amarillos heredarán ese historial vital y sabrán qué te hacía feliz, qué era lo que hacía que te sintieras pleno. ¿Hay algo más bonito que te conozcan mejor? Yo no lo creo. Ésa es la gran recompensa: abrir las cajas de la gente que queremos, saber más de ellos. Tengo tantos amigos que tienen cajas desconocidas para mí que cuando descubro algo más de ellos me siento más feliz, más completo.

Repasemos la lista para el historial médico:

1. Compra una carpeta que sea grande, casi como una caja. El color elígelo tú, pero yo te recomiendo el gris.

2. Escribe cada día tres o cuatro cosas que te hayan hecho sentirte feliz. Tan sólo eso; no te enrolles más. Escribe: «Hoy sentí felicidad en un momento del día».

3. Apunta la hora, el día, el lugar y el motivo. ¿Todo debe tener que ver con la felicidad? No, claro que no. Pue-

des hablar de nostalgia, de sonrisas, de ironía. Pero todo tiene que ser positivo. En un historial médico no se habla más que de percances, de problemas y de recuperaciones; en el vital, debes hablar de vida, de vida positiva, de vida feliz.

Realiza ese ejercicio, piensa cosas buenas que te han pasado, con quién y dónde. Poco a poco descubrirás patrones. Gente que te hace feliz, lugares y horas del día en los que te sientes más vital.

4. Incluye material. Siempre que puedas coge algún objeto relacionado con ese momento. Los objetos se impregnan de felicidad y deben estar en tu historial vital.

Cualquier cosa sirve, tan sólo tiene que pertenecer al sitio. Pero no almacenes miles de cosas; sé selectivo o el historial vital acabará comiéndose tu hogar.

5. Reléelo, tócalo cuando te encuentres mal y triste y también cuando te sientas feliz. Al menos una vez cada seis meses, dedícale un vistazo, haz una visita a tu historial. Descubrirás cosas, descubrirás patrones y descubrirás cómo eres. Cada 1 % que descubras de ti es casi un peldaño más hacia otro estado de ánimo.

6. Regálalo, légalo cuando mueras. Recuerda, no es sólo para ti, también es para los demás, para la gente que te quiere.

Creo que será maravilloso el día que legue mi historial vital y mi historial médico. La persona que los posea será feliz con ambos historiales. Con uno podrá saber cuántos leucocitos tenía en octubre de 1988, cómo era mi pierna izquierda vista por rayos X (poca gente la conoce ya) y sobre todo esa línea horizontal. ¡Cuánta hermosura puede haber en una línea! Con el otro historial, comprenderá por qué me río, por qué me entusiasmo, por qué muero. Creo que lo regalaré a dos personas distintas. Siempre es bueno que el conocimiento sea compartido.

Séptimo descubrimiento:
«Hay siete consejos para ser feliz»

> Chico, no duermes, ¿verdad? Escucha el primero. En la vida lo más importante es saber decir no. Apúntalo, que no se te olvide.
>
> *Mi primer compañero de habitación.*
> *El señor Fermín (76 años)*
> *05.12 de la madrugada*

Ciertamente, este consejo me lo dio un hombre mayor con el que compartí mi primera habitación de hospital. Era una habitación de seis personas; luego, más tarde, entraría en las de dos personas. Me lo dio una madrugada. Las madrugadas unen tanto que hacen que te atrevas a confesar deseos y sueños inconfesables. Más tarde llega el día y con él… con él… A veces el arrepentimiento.

El señor Fermín era un hombre asombroso: había tenido treinta profesiones, tenía setenta y seis años y una vida llena de anécdotas increíbles. Para un chaval de catorce años que ingresaba por primera vez en un hospital, aquél era el espejo donde quería reflejarme, el destino que deseaba y que no estaba seguro si conseguiría lograr. Me apasionaba ese hombre. Era pura fuerza.

Siempre comía naranjas; le encantaban las naranjas. Olía a cítrico. Durante las siete noches que compartí habitación con él, me contó consejos para tener una buena vida; él los llamaba consejos para conseguir la felicidad.

Cada consejo iba unido a una explicación de una hora de duración, con ejemplos gráficos. Los asistentes a aquellas clases de vida éramos un amigo pelón canario manco y yo (que más tarde sería cojo). Sus disertaciones eran muy amenas, muy divertidas. Él nos obligaba a apuntarlo todo, creo que pensaba que en muchas ocasiones no nos enterábamos de casi nada. Y era cierto; yo no me enteré de casi nada, pero aquellos garabatos con letra de un adolescente de catorce años me han servido el resto de mi vida.

Él nos hizo prometer que jamás explicaríamos los siete consejos a no ser que sintiéramos próxima nuestra muerte. Los dos lo prometimos, aunque negociamos (éramos adolescentes, a esa edad se negocia todo); nos parecía difícil guardar esos secretos. Fue un toma y daca duro, pero al final nos permitió que contáramos uno. Y éste es el que te contaré.

El que te relataré fue el primer consejo que nos dio. Lo escuché el primer día de hospital de mi vida. Es un recuerdo con olor a naranja. Me entusiasma que los recuerdos huelan.

Nos pidió que nos sentáramos, nos miró a ambos y nos dijo: «Apuntad, hay que saber decir no en esta vida».

El chico canario y yo nos miramos; no entendimos nada.

¿Decir no a qué? Y aún más: ¿por qué había que decir no, con lo genial que es decir sí?

A partir de ahí, al igual que durante los seis días posteriores, nos dio una gran explicación sobre por qué había que decir no. Yo apunté lo siguiente:

- No a lo que no deseas.
- No a lo que todavía no sabes que no deseas pero que deseas.
- No por compromiso.
- No si sabes que no podrás cumplir.
- No al exceso.
- Y sobre todo: ¡¡¡no a ti mismo!!!

Creo que el no a ti mismo debía de ser el más importante porque nos obligó a ponerle muchos signos de admiración. Al lado de la última admiración hay incluso una mancha de gajo de naranja (o ésa es la sensación que me da a mí). A veces lo que uno desea es tan intenso que se hace realidad.

Al día siguiente de darnos el séptimo consejo murió. Fue una muerte de esas que marcan: nos da siete consejos para ser feliz y se muere. Tanto el canario como yo nos dimos cuenta de su legado. Decidimos hacer un pacto: no perder jamás aquellas notas, y cuando las entendiéramos ponerlas en práctica.

Durante años olvidé esos consejos para ser feliz. Esa lista póstuma contenía, aunque yo no lo sabía, las reglas de la felicidad. Poco a poco, las fui comprendiendo, las fui interiorizando.

Puedo asegurarte que he dicho no a muchas cosas en mi vida; no a cosas cuando estaba en el hospital y no a cosas cuando estaba fuera de él. Jamás he sentido que un no debería ser un sí. Pero está claro que cuando decides que no y estás seguro de ello, el acierto está casi asegurado.

A veces, tengo ganas de que mi muerte llegue para poder contar los seis restantes. Mi amigo el canario ya tuvo esa suerte; murió seis años más tarde y con una sonrisa en los labios me comentó que se lo había contado a tres personas más. Era un tipo genial, que hablaba poco; creo que las palabras están demasiado valoradas.

Lista de los noes:

1. Debes saber decir no.
2. Los noes deben aplicarse a cosas que deseas, que no deseas, que sabes que te sobrepasarán y también a ti mismo.
3. Los noes tienen que ser aceptados. No dudes de ti; si diste un no, confía en ese no.
4. Disfruta de esos noes tanto como de los síes. Un «no» no tiene por qué ser negativo, puedes gozar tanto de él como gozas de los síes. Puede darte alegrías, puede tender los mismos puentes. No pienses que te estás negando algo sino que te abres caminos para otros síes.

Lo último que apunté en la libreta fue: «No lo dudes, el no te traerá muchos síes». Con catorce años no entendí nada, con treinta y cuatro ya le he dado un sentido. Deseo llegar a los sesenta para ver qué nuevo sentido cobra todo lo que me contó. Cada año que pasa, la lista de los siete consejos cobra otro sentido, otro cariz. Es lo bueno de la edad: lo transforma todo. Creo que es lo apasionante de cumplir años, de hacerte mayor.

Por ello, cada año reviso aquellas notas, para sacar más y más jugo a los siete consejos que dan la felicidad. Disfruta del primero. Uno de siete no está mal.

Octavo descubrimiento: «Lo que más ocultas, es lo que muestra más de ti»

> Dime tu secreto y te diré por qué eres tan especial.
>
> *Néstor, el celador más enrollado que he tenido*

Todos somos especiales. Ya sé que suena a tópico, pero lo somos. En el hospital no nos gustó nunca la palabra minusválido, inválido o impedido. Son tres palabras a desterrar; las carencias físicas no tienen nada que ver con esas tres palabrejas.

Pasados los años he trabajado con discapacitados mentales y me he dado cuenta de que éstas son dos palabras que también hay que desterrar. Este tipo de personas son las más especiales de todas, las que más respeto me producen; son sensibles, inocentes y sencillas. Y lo digo en el sentido más rico de las palabras. Son especiales.

A mí me falta una pierna y un pulmón, aunque yo siempre he tenido la sensación de que tengo un muñón y un solo pulmón. Tener o faltar, todo depende de cómo se mire. Yo, a mi manera, soy especial. Me gusta pensar que me han marcado de cierto modo y eso me hace diferente.

Pero no tan sólo las carencias físicas y psíquicas son las que te convierten en alguien especial. Como he dicho antes, todos somos especiales. Tan sólo hay que potenciar lo que te hace especial.

Había un celador en el hospital que nos decía: «Decidme vuestro secreto y os diré por qué sois tan especiales». Él, mientras estábamos en recuperación, nos hablaba de la gente especial y de los secretos que todos guardamos. Opinaba que los secretos son necesarios en esta vida, son tesoros privados que sólo están al alcance de uno mismo. Como nadie los conoce no hay llave y nos marcan interiormente porque no los compartimos.

Pero sobre todo nos hablaba de la importancia de mostrar nuestros secretos. Nos decía que era como enseñar a los demás lo que te hace especial, lo que te hace diferente, y eso es de lo que siempre te cuesta más hablar.

Cuando él explicaba estas cosas yo lo miraba muy fijamente. Deseaba saber qué ocultaba aquel hombre de tez oscura, de ojos redondos y cejas marcadas. Deseaba saber por qué era especial, cuáles eran los secretos que lo hacían diferente.

Nunca lo supe, pero nos enseñó algo vital, lo que nosotros teníamos: muñones, cicatrices, moratones, falta de pelo… eran cosas que nos hacían diferentes y nos hacían sentir especiales, por ello jamás debíamos ocultarlas, teníamos que mostrarlas con orgullo.

Consiguió su objetivo, nunca me ha avergonzado enseñar mis carencias. Y además consiguió que tratáramos los secretos, las cosas que más nos cuesta compartir, como pruebas para demostrar nuestra diferencia.

Cuando dejé el hospital, no olvidé esas lecciones. Siempre que he tenido un secreto, he pensado que era bueno tenerlo y que yo decidiría cuándo lo mostraría, cuándo me convertiría en especial. Lo que ocultas es lo que más te define.

La fórmula es…

1. Piensa en tus secretos ocultos.

2. Déjalos madurar y finalmente muéstralos. Goza guardando pero goza más mostrando.

3. Al mostrarlos los secretos te harán especial. Sea lo que sea, era tuyo y ahora es de muchos. Todo lo que ocultas es lo que más muestra de ti.

Noveno descubrimiento: «Junta los labios y sopla»

> No soples tan sólo en los cumpleaños. Sopla y pide, sopla y pide.
>
> *La madre de mi amigo Antonio, pelón que nos dejó a los trece años soplando*

Quizá durante mi estancia en el hospital me pusieron mil inyecciones, no miento. Tengo venas enquistadas, venas secas, venas ocultas. Me encanta cuando una vena decide bajar a las catacumbas del organismo, lejos de la piel, lejos de los pinchazos. ¡Qué inteligentes son las venas!

Siempre que me han pinchado he soplado, tanto cuando notaba dolor, como cuando dejé de notarlo. Soplar hace que todo sea mejor; me gusta pensar que hay algo mágico en soplar.

Recuerdo que la madre de Antonio, un peloncete muy divertido que siempre me hacía reír, nos contaba que debíamos soplar y pedir deseos. Nos contaba que la gente sólo sopla para pedir deseos en los cumpleaños, porque piensa que los cumpleaños tienen poder, pero lo que no saben es que el poder lo tiene el soplo. Me encantaba la madre de Antonio, siempre nos contaba historias fabulosas, llenas de ejemplos. Nos explicaba, entre muchas más cosas, el poder del soplo.

Nos hablaba de las madres que soplaban las heridas de sus hijos que se habían caído de la bicicleta, de rasguños que se curaban con soplidos y un poco de agua oxigenada. El superpoder del soplo.

Yo me creí aquello a pies juntillas. Siempre que me ponían una inyección yo pedía un deseo; nunca me olvidaba. Soplaba, pensaba un deseo y notaba una inyección. Automáticamente sonreía. Qué suerte poder pedir tantos deseos. Me sentía un privilegiado. Además, he de decir que se han cumplido muchos.

Ya en mi vida normal, no he dejado de soplar. Soplo dos o tres veces a la semana, sin razón aparente; cuando lo necesito. Como decía la madre de Antonio, los soplidos se acumulan en nuestro interior y hay que sacarlos, hay que extraerlos.

Así que no temas y sopla como mínimo una vez por semana, eso sí, siempre tienes que pedir un deseo.

A veces pienso que se me han cumplido tantos deseos porque soplé mucho en el hospital.

Creo que, sin saberlo, el organismo nos ha dado un arma contra la mala suerte; el problema es que la cotidianidad de ese superpoder ha hecho que no la percibamos.

Recuerda:

1. Se pone la boca en forma de O.
2. Se piensa un deseo, pero piensa que quizá se cumplirá. Los deseos deben ser deseados, no vale cualquier cosa.
3. Y sopla. Saca aire, aire tuyo. Y recuerda: cuanto mayor es el deseo mayor ha de ser el soplido. Lo ideal es que soples hasta que no quede nada dentro. Quédate sin soplido.

Estoy seguro de que las personas centenarias han soplado mucho. Y ese intercambio de aire, ese soltar y ese coger, es lo que les ha dado una vida tan larga.

Antonio murió soplando. No sé qué pidió pero su madre me dijo que estaba segura de que se había cumplido. Y yo también lo creo. Juntar los labios y soplar. Pido otro deseo…

Décimo descubrimiento: «No tengas miedo de ser la persona en la que te has convertido»

> Albert, fíate de tu yo pasado. Respeta a tu yo anterior.
>
> *Uno de los médicos más listos que tuve. Frase que me dijo mientras me explicaba cómo sería la intervención*

Mi médico siempre me decía que él deseaba lo mejor para mí, pero a veces, lo que parecía mejor resultaba que no lo era. Es complicado saber cómo reaccionará el cuerpo humano a una medicina, a una terapia o a una operación. Pero me pedía que sobre todo confiara en él, y recalcaba: yo siempre he creído que si mi «yo» del pasado tomó esa decisión era porque creía en ella (tu yo del pasado eres tú mismo unos años, meses o días más joven). Respeta a tu yo anterior.

Sin duda, era un gran consejo. Aunque quizá en aquel preciso momento no lo valoré como tal. Estaba a punto de operarme y yo esperaba que su yo de ese momento no se equivocara.

Cuando salí del hospital, reflexioné sobre esas palabras. Era un buen descubrimiento y ya no sólo para la vida médica sino para todo. Solemos creer que erramos decisiones; es como si pensáramos que ahora somos más listos que antes, como si tu yo del pasado no hubiera valorado todos los pros y los contras.

Desde que aquel médico me habló de ello, yo siempre he creído en mi yo del pasado. Hasta creo que es más inteligente que mi yo del futuro. Así que cuando a veces tomo una decisión equivocada no me enfado, pienso que la tomé yo mismo y que fue meditada y pensada (eso sí, intento siempre pensar y meditar las decisiones).

No hay que desanimarse por las decisiones equivocadas que uno toma. Debes confiar en tu yo antiguo. Ciertamente tu yo con quince años pudo equivocarse por no estudiar aquella asignatura o tu yo de veintitrés por ir a aquel viaje o tu yo de veintisiete por aceptar aquel trabajo. Pero fuiste tú quien las tomó y seguramente dedicaste un tiempo en tomar la decisión. ¿Por qué crees que ahora tienes derecho a juzgar lo que él (tu yo antiguo) decidió? Acepta quien eres, no tengas miedo de ser la persona en quien te has convertido con tus decisiones.

Las malas decisiones curten, las malas decisiones, dentro de un tiempo, serán buenas decisiones. Acepta eso y serás muy feliz en la vida y, sobre todo, contigo mismo.

Mi médico se equivocó tres o cuatro veces. Jamás le eché nada en cara porque supe que su error no provenía de una falta de profesionalidad o de experiencia. Para errar hay que arriesgarse; lo de menos es el resultado.

Estoy seguro de que si reuniésemos a tu yo de ocho años, al de quince y al de treinta no pensarían igual en casi nada y podrían defender cada una de las decisiones que tomaron. Me encanta fiarme de mi yo joven, me encanta vivir con el resultado de las decisiones que tomó.

Tengo una cicatriz enorme en el hígado a causa de una operación que no sirvió de nada porque al final no tenía nada, pero mi médico creía que tenía cáncer y si no me operaban moriría. Esa cicatriz hace que me sienta orgulloso, me hace sentir cosas muy variadas cuando la veo. Todo lo que sea un torrente de emociones es positivo, muy positivo.

Así que:

1. Analiza las decisiones que crees que fueron equivocadas.
2. Recuerda quién las tomó. Si fuiste tú, recuerda que tus razones tenías. No te creas más listo que tu yo del pasado.
3. Respétalas y convive con ellas.
4. En un 80 % eres consecuencia de tus decisiones. Quiérete por el resultado de lo que eres. Quiérete porque en eso es en lo que te has convertido.
5. Y sobre todo reconoce que a veces te equivocas. Y ese 20 % de equivocaciones tienes que reconocerlas y aceptarlas.

Como me decía aquel médico: «Reconocer» es la palabra clave. Debes reconocerte a ti mismo, reconocer cómo eres y reconocer la culpa.

En el hospital nos enseñaron a aceptar que podíamos equivocarnos. Mi médico a veces se equivocaba y siempre aceptó la culpa. El mundo iría mejor si aceptáramos que nos equivocamos, que hemos errado, que no somos perfectos. Mucha gente intenta buscar una excusa a su equivocación, buscar otro culpable, quitarse el muerto de encima, lo que no conocen es el goce de aceptar la culpa. Un goce que tiene que ver con saber que has tomado una decisión equivocada y que lo admites.

Me encantaría ver juicios en los que la gente aceptara la culpa, conductores a quienes pararan y que reconocieran que iban a más velocidad de la permitida.

Es importante que reconozcamos que nos equivocamos para así tomar conciencia de adónde están los errores y no cometerlos más. Quizá muchos tienen miedo al castigo que esto puede suponer, pero el castigo es lo de menos, lo único importante es dar a nuestro cerebro los ítems correctos.

Undécimo descubrimiento: «Encuentra lo que te gusta mirar y míralo»

Uauuuuuu.

Exclamación pronunciada por el peloncete Marc, el más joven. Ojos como platos y un coche plateado aparcado a un milímetro de él

Había un niño de cinco años que ingresó en el hospital con cáncer de tibia. A veces venía con nosotros al sol. El sol era un lugar que habían habilitado al lado del aparcamiento; allí había una canasta de baloncesto y siempre daba el sol.

Era complicado conseguir un pase de sol. Tenías que portarte muy bien. Normalmente nos dejaban estar en el sol de cinco a siete. Me encantaba salir del hospital e ir al sol, hacía que me sintiera bien, sentía como si fuera de viaje a Nueva York; el contraste era enorme. Nos quedábamos esas dos horas tomando el sol, bronceándonos.

El chavalín a veces nos acompañaba. Pero él no se echaba a tomar el sol con el resto. Se quedaba de pie, con los ojos fijos en los coches que aparcaban. Si aparcaban bien, se volvía loco, se le ponían los ojos como platos, sonreía, reía y aplaudía escandalosamente. Si tardaban en aparcar o lo hacían con demasiadas maniobras, se ponía como una furia, se enfadaba y hasta había llegado a dar alguna patada a un coche.

No sé de dónde le venía esa pasión por los coches pero con el tiempo dejamos de tomar el sol y le mirábamos a él. Era un espectáculo digno de ver. Era pasional, inteligente, observador; era un enigma para nosotros.

Creo que no miraba coches, miraba movimientos, tiempos, giros, elegancia. Eso le volvía loco: las formas, la energía del giro, la dulzura de un buen aparcamiento.

A los pocos meses le detectaron metástasis en los dos pulmones. Aquel día bajamos al sol juntos. Él no tenía pase pero logramos colarlo con un pase falso que se había dejado un compañero.

Sabía que se lo pasaría bien mirando coches. Estuvimos casi las dos horas del sol mirando cómo aparcaban. Cuando volvíamos al hospital le pregunté: «¿Por qué te gusta tanto mirar coches, Marc?». Me miró y contestó: «¿Por qué os gusta tanto mirar el sol?». Yo le dije que no mirábamos el sol sino que el sol era lo que nos proporcionaba... que nos bronceábamos... que era agradable... que... La verdad es que no sabía por qué mirábamos el sol.

No juzgar; ésa fue la gran lección que aprendí ese día de aquel niño. Él miraba coches y yo miraba soles. Yo me quedaba muy quieto y él se volvía loco con lo que veía. Seguro que sus coches le daban tanto como a mí me daba el sol: color, salud y felicidad. Supongo que ver aparcar te da cosas también. Lo importante no es qué miras, sino qué te transmite mirar.

Aquel día me enfurecí mucho, lloré tanto aquella noche... No deseaba que aquel niño muriese en unos meses. Aquel chaval, su mirada de las cosas tenía que sobrevivir, llegar a dirigir países, a liderar hombres. Algo había en su pasión que me encandilaba. No supe qué fue de él. Así que confío que esté donde esté siga mirando con pasión.

Ya no he vuelto a juzgar. Tan sólo a gozar con las pasiones ajenas. Tengo amigos que miran sonidos de pájaros, paredes y hasta ondas de móviles.

Encuentra lo que te gusta mirar y míralo.

Duodécimo descubrimiento: «Comienza a contar a partir de seis»

> Modifica tu cerebro.
>
> *Sentencia que me dijo un neurólogo con pijama azul justo antes de que me hicieran un tac*

Me han hecho tres tacs cerebrales. Hay que estar muy quieto. Intento no pensar en nada personal, me da miedo que la máquina lo imprima. Ya sé que estas máquinas no imprimen, pero me da la sensación de que todo queda registrado, así que no pienso en nada.

Un verano, el del mundial en el que triunfó Lineker, yo llevaba tres horas esperando en la sala de un hospital y lo único que pensaba era que me estaba perdiendo un partido de semifinales. Estaba seguro de que cuando me hicieran el tac se vería a Lineker, sus goles y a toda la hinchada vibrando.

Allí había un señor que me miraba. Era un señor de ojos pequeñitos. Llevaba un pijama azul, como yo. Enseguida empezamos a hablar: «Cómo tardan. ¿Es para un tac?». Son preguntas que unen en una sala de espera.

Nos acercamos. Ninguno fue donde se encontraba el otro, sino a un sitio nuevo. Me dijo que era neurólogo. Y la conversación se centró en el cerebro, en el famoso 10 % que utilizamos. A mí es algo que siempre me ha preocupado, tengo muchas ganas de que nuestros sucesores lleguen a usar el 30 o el 40. Al fin y al cabo seremos recordados como los que utilizábamos un 10 %: están los de los palos, los de las piedras y los del 10 %, ésos somos nosotros. Hemos avanzado mucho, pero para los del siglo XXX seremos como para nosotros son ahora los hombres primitivos.

Ese neurólogo me dijo que para conseguir más capacidad cerebral tan sólo había que modificar el cerebro.

Si tú le dices a un chaval de quince años las palabras modificar y cerebro, ganas su atención inmediatamente. ¿Cómo se hace? Yo quiero.

Me habló de números. Fue un ejemplo sencillo. Me enseñó cuatro objetos; en este caso eran cuatro revistas. Me pidió que las contara. Le dije que eran cuatro. Me preguntó: «¿Has tenido que pensar?». Contesté que no, que era sencillo. Comencé a dudar de que fuera neurólogo, se parecía más a un paciente de la planta 8 (la de psiquiatría). Me mostró cinco revistas y me dijo que las contara. De repente me di cuenta de que mi cerebro se había puesto en marcha. Estaba contando, no podía hacerlo sin contar. Me sonrió, sus ojos se achinaron más todavía: «Cuentas, ¿verdad?». Lo miré alucinado.

Me explicó que a partir de cinco, nuestro 10 % de cerebro se pone a contar. La manera de ejercitarlo es que comience a contar a partir de siete; luego a partir de ocho. Así lo obligaremos a ampliar su capacidad, a que más neuronas se pongan en marcha a la vez. Modificarlo poco a poco, para que no sea tan vago, hasta que no notemos cómo se pone en marcha.

Quería más. Me habló de que cuando ves a nueve personas es cuando tienes sensación de grupo. Hasta ocho no le das valor, pero a partir de nueve tu cerebro lo identifica como una pequeña multitud. Maneras de modificar tu cerebro: que empiece a pensar en multitud a partir de quince o de veinte.

Eso era como cambiar la configuración de fábrica, la que viene de serie. ¿Se podía hacer? Me replicó que se trataba de un cerebro, por lo que la configuración de fábrica no existía y todos los cambios eran posibles.

Me llamaron para que entrase en el tac. Supe que cuando saliera ya no lo encontraría. Esto ocurría a menudo en el hospital; te marchabas un minuto y aquél con el que habías conectado, había desaparecido.

Me despedí gritando: «¡Voy a conseguir un cerebro del 15 % o del 20 %!». Me devolvió la sonrisa. Instantes antes de que cerraran la puerta donde tenían que practicarme la prueba reconocí una tristeza, una inmensa tristeza que se desprendía de él. No sé qué era, pero me hizo tambalear; sin duda, aquel hombre irradiaba algo.

Me eché en el tac y me pidieron que no me moviese. Recuerdo que aquel día fue el primero que comencé a modificar mi cerebro. Siempre que él da algo por hecho yo se lo rebato y modifico lo que él cree que es la respuesta correcta. Mantengo un diálogo y cambio lo que viene de serie.

Con el tiempo, he averiguado que aquel hombre no estaba triste, estaba muy feliz. Mi cerebro creyó que aquella mirada perdida, cabizbaja, irradiaba tristeza. Es lo que viene de fábrica. Pero en realidad era de felicidad, la felicidad de escuchar cómo un chaval de quince años gritaba la frase en la que más creía.

¿Sirve este descubrimiento para la vida real? No es que sirva, es que es muy efectivo; podría definirse también como que no sigas a rajatabla lo primero que pienses. Piensa bien en lo que piensas. Busca, no te conformes con el primer pensamiento.

Es posible modificar tu cerebro. Yo he conseguido que mi cerebro cuente a partir de seis; quizá parece poco, pero yo estoy muy orgulloso.

Así que no creas nada que venga de serie. Ponlo en tela de juicio y tu vida mejorará.

Decimotercer descubrimiento: «La búsqueda del sur y del norte»

> Si los sueños son el norte y se cumplen, tendrás que ir hacia el sur.
>
> *Una enfermera en la UVI mientras acariciaba mi pelo y yo notaba que tan sólo tenía un pulmón*

Este consejo habla por sí mismo.

No deseo alargarme en algo que creo que es tan evidente.

¿Dónde lo oí? En la UVI. Acababa de salir de la operación de pulmón y había perdido capacidad pulmonar, un pulmón había desaparecido. ¿Qué debieron de hacer con el pulmón? Siempre me lo he preguntado.

Una enfermera se acercó y me miró. Me acarició el pelo. Me gustó mucho. A través de la mascarilla intenté agradecerle el mimo, pero seguro que mi rostro, atontado por la anestesia, debía expresar lo contrario.

Estaba hablando con otra enfermera que me acariciaba el pulgar del único pie que me quedaba. Te juro que no me lo invento. Tuvo un aspecto sexual, pero fue precioso despertar después de perder un pulmón y recibir tanto cariño.

La chica joven le dijo a la mayor: «Los sueños son el norte de todo el mundo. Si los cumples tendrás que ir al sur».

¡Me fascinó tanto esa frase! Casi me quedé sin aire… por suerte tenía un respirador, así que no tuve que preocuparme.

Se fueron y pensé: «Cuánto norte me queda por recorrer y cuánto sur conquistaré cuando cumpla mis sueños».

En mi vida fuera del hospital lo puse en práctica. A veces, si tienes suerte de cumplir tus sueños, ves cómo llegas al norte. Mentalmente veo la parte norte de mi vida, entonces busco otro sueño y me digo: «Éste debe de estar al sur».

Lo sé, estaba anestesiado y me tocaban dos enfermeras. ¿Deberías creer en este consejo tan influenciado por circunstancias externas? Respuesta: éste quizá es el que más debas seguir porque es el que más dentro me llegó.

Sur y norte. Sólo eso. Busca el sur, busca el norte. No dejes de ir de uno a otro.

Decimocuarto descubrimiento: «Escúchate enfadado»

> Mi padre no tiene coche pero los sábados vamos al depósito a gritar al guardia que hay allí. Es divertido.
>
> *Jordi, un pelón curioso porque jamás se le cayó el pelo. Una rara avis donde las haya*

A veces hay que desahogarse. Es ley de vida. Echar tres o cuatro gritos al aire. O eso o explotamos.

Había en el hospital un pelón que nos comentaba que a veces iba con su padre a los depósitos de coches; allí, su padre le gritaba al policía de turno. Le decía que era una vergüenza que se llevasen su coche, que quisieran hacerle pagar 120 euros; chillaba y ponía el grito en el cielo. A los diez o doce minutos, volvían al coche y se marchaban. Jamás se les había llevado el coche, la grúa; simplemente el padre había encontrado un lugar donde desahogarse. ¿Un lugar equivocado? Seguramente, el pobre policía de turno no merecía aquella explosión de rabia. A veces pienso en esos policías o en la gente que trabaja en maletas perdidas del aeropuerto. ¿Dónde deben de ir a desahogarse? ¿Qué ganas pueden tener de ir al trabajo cada mañana?

Creo que el padre del pelón Jordi (un pelón que tenía pelo; raro, raro) fue a un lugar equivocado; seguro hay formas más sencillas de desahogarse. En el hospital a veces gritábamos a una grabadora. Se le ocurrió a uno de los MIR que venía a vernos cada sábado. Era joven y con ganas de cambiar el mundo. Ahora es jefe de departamento y la coraza que se ponen la mayoría de los médicos ha hecho que se olvide de todo ello. Pero ahí estoy yo para recordárselo. Es bueno que te recuerden todo lo bueno que hacías.

El MIR traía una grabadora y nos desahogábamos por turnos. Decíamos todo lo que nos enfurecía. Y a veces eran muchas las cosas que nos sacaban de nuestras casillas. Es terrible cuando piensas que van a darte un pase de fin de semana y al final no te lo conceden. Entonces gritábamos, expulsábamos todo lo que nos ahogaba y nos daba mal rollo. Otros no decían nada, tan sólo te miraban.

Luego el MIR nos hacía escuchar la grabación. Siempre era un momento fascinante: escucharte gritando, escucharte enfadado, pareces un loco, un paranoico. De repente, todo lo que te parecía con sentido, todo lo que habrías defendido un segundo antes, te parecía sin fundamento. Es como si tu enfado se disipara con el eco de tu rabia.

El eco de la rabia tiene ese poder: el poder de minimizar el enfado, el poder de mostrarte lo absurdo que es pegar cuatro gritos y salirte de tus casillas.

¿Qué mejor que ser tú mismo quien deba soportar tus gritos? Pruébalo, te sentirás mejor, y poco a poco dejarás de gritar, de enfadarte y, sobre todo, no le gritarás a otra persona. Verás qué absurdo eres cuando te pones así.

Decimoquinto descubrimiento: «Hazte pajas positivas»

> Uno es lo que es después de una paja.
>
> *Fisioterapeuta que no logró que tuviese cuádriceps pero que era divertido como pocos*

Soy un gran defensor de las pajas. Hace unos años escribí una obra que se llamaba *El Club de las Pajas*. Mi pasión por las pajas proviene de la mala prensa que tienen. Siempre se habla de ellas con coña, con humor, como chiste, como una cuestión de segunda división.

A mí me intrigan mucho las pajas, sobre todo lo que se esconde tras ellas. A veces es pasión no conocida, a veces amor desmesurado, a veces sexo, a veces vergüenza, a veces deseos ocultos. Las pajas siempre dan más información de una persona que todos los datos que preguntemos.

«Uno es lo que es después de una paja.» Eso me dijo un fisioterapeuta. Me explicó que después de hacerte una paja, quien queda eres sólo tú. En esos dos o tres minutos después de la masturbación aparece la esencia de quién eres.

También decía: «Las pajas son como suicidios exteriores. Es como matarte por fuera». Era un tipo muy alto, de casi dos metros diez, y hablaba de las pajas como otra gente habla de fútbol o de cine. Hablaba con tanta pasión que era imposible no escucharle. Me encanta cuando descubro pasión; la pasión es lo que más me interesa.

Sin duda hizo que me interesara por las pajas, y ese interés jamás ha decaído. Creo que las pajas se hacen cuando te sientes bien y cuando estás jodido. Es algo invariable de la vida. Es una forma de canalizar energía.

El fisioterapeuta era un apasionado de las «pajas positivas», que, según él, eran las pajas que te haces pensando en una persona y que le traen suerte. Tras dedicarle una paja la suerte va al citado inspirador.

Siempre me pareció poética esa manera de enfocar las pajas. ¡He dedicado tantas pajas positivas en mi vida! Te sientes poderoso, dotado de un don.

Así que no temas, hazlo. Tan sólo oblígate a pensar en una sola persona. Y deja que la magia haga el resto.

Decimosexto descubrimiento: «Lo difícil no es aceptar cómo es uno, sino cómo es el resto de la gente»

> Unos vomitan y otros no vomitan.
>
> *Gran sentencia de una enfermera.*
> *Yo estaba vomitando ese día*

Bueno, este descubrimiento en realidad son dos; dos en uno.

1. Acepta quién eres tú. No es fácil, lo sé. San Agustín decía: «Conócete, acéptate, supérate». Creo que era muy optimista al pensar que puedan hacerse las tres cosas. Yo siempre me he conformado con conocerme. No es fácil conocerse, saber cuáles son tus gustos, qué cosas te gustan, con qué no disfrutas.

Pero es posible; dedícale tiempo, busca, rebusca, vuelve a buscar y finalmente comenzarás a tener un retrato robot de quién eres.

2. Una vez te conoces, si consigues quererte viene la

parte más complicada. La segunda parte del descubrimiento: conoce al resto de la gente y acéptala como es.

Sé que puede parecer un mandamiento religioso, pero en realidad se trata simple y llanamente de tener la misma paciencia con los demás que la que has tenido contigo mismo. Aceptar cómo son, aceptar cómo no son, es el inicio para aceptar cómo eres tú y cómo no eres tú.

3. Y de ahí proviene el resto de la frase. Lo difícil no es aceptar cómo eres tú sino cómo son los demás. Ése es el reto. No olvides que a veces, cuando ya nos conocemos, pensamos que hemos llegado a la meta. Pero la meta está lejos, muy lejos todavía. Cada día conoceremos a más y más gente y tendremos que dedicar todas nuestras fuerzas a entenderlos.

Este descubrimiento, que parece tan complejo, proviene de una enfermera. Había un chico que consiguió no vomitar con la quimioterapia, y a partir de ese día le molestaba que otros vomitaran a su lado. No intentaba comprender y conocer a los demás; él había logrado su objetivo y parecía que el resto de los humanos debían seguir sus pasos. La enfermera nos dijo que algunos vomitan y otros no vomitan. De ahí saqué el resto.

Ella consiguió que el que no vomitaba nos contase sus trucos; uno de ellos era beber Coca-Cola, que según él era un gran antivomitivo.

Fue impresionante verle dar consejos. Y es que a veces no es tan importante seguir una senda como deshacer nuestra senda, coger otra diferente y darte cuenta de que hay otra forma de ir a un lugar. No juzgar, no intentar ser radical. Cualquier senda puede ser buena, tan sólo hay que tener claro que es producto de alguna decisión.

Decimoséptimo descubrimiento: «El poder de los contrastes»

> No moriremos de cáncer, moriremos de aburrimiento.
>
> *Uno de nuestros cánticos favoritos*

En la planta 4.ª del hospital en el que siempre estuve ingresado soñábamos con cosas que no teníamos.

Más tarde he dado conferencias en hospitales, y muchos enfermos me han dicho lo mismo: faltan cosas en los hospitales, falta diversión.

Teníamos una máxima en el hospital: «No moriremos de cáncer sino de aburrimiento». Y es que todo el mundo piensa que en un hospital tu vida tiene que detenerse, que no debes divertirte. Y la realidad es todo lo contrario. Tu vida normal se detiene, por lo tanto necesitas muchas más actividades para contrarrestar esa inactividad.

Recuerdo cuando la gente decía que *Crónicas marcianas* era telebasura. Creo que todos esos críticos no habían pisado nunca un hospital a la hora que lo emitían. Miles de enfermos reían, disfrutaban con aquel programa. Les daba vida, les daba fuerza. Les hacía partícipes de un mundo del que momentáneamente les habían apartado.

Yo siempre he creído que falta mucha imaginación al diseñar hospitales. Al principio, las salas de quimioterapia no tenían ni un solo entretenimiento. Más tarde, un pequeño televisor presidía la sala, aunque debías tener una vista de águila para poder verlo.

Pero ¿dónde están los ajedreces, los juegos de mesa, las cartas, las teles de 50 pulgadas de plasma, los videojuegos, la conexión wifi para conectarte a internet? Sí, sí, no es ninguna broma, todo esto debería estar en los hospitales. Conectar a la gente con el mundo es muy necesario para poder luchar en condiciones.

A veces no se dan cuenta del potencial vital de los enfermos. Yo siempre he recomendado que los propios enfermos den conferencias. Tienen experiencias que te dejarían impresionado. Seguro que si la conferencia fuese en el exterior irías, así que imagínate que la da tu compañero de habitación en pijama azul y que está justo a tu lado.

Cuando estás enfermo, aparece tu segunda vida. Una vida que no puedes dejar de vivir, porque por muy enfermo que estés sigues vivo. Yo he tenido mi vida fuera y mi vida dentro. Ahora vivo mi vida fuera, pero quizá mi vida dentro volverá algún día. Ambas vidas comparten cosas pero difieren en otras. Seguir viviendo, eso es lo importante. La niñez, la adolescencia o la edad adulta deben vivirse aunque uno esté enfermo.

Pero para ello necesitas la pista para correr, el escenario para salir. A veces los hospitales son poco contrastados, y lo fundamental en la vida es juntar contrastes. Yo siempre he creído que cuando juntas dos contrastes algo mágico ocurre. Por eso muchas relaciones personales se basan en lo poco que tienen en común ambos miembros de la pareja.

Deberían unirse más contrastes. Éstos son algunos que espero que pronto se hagan realidad. Es una lista sin orden, una lista fruto de años en el hospital y otros años fuera de él.

1. Una piscina olímpica en un hospital. ¡La natación iría tan bien a tantos enfermos! Poder sumergirte y sentirte como un pez.

2. Una bolera en un aeropuerto. Desahogarse es vital. Desahogarse con unos bolos podría generar mucho bienestar. Deporte y aeropuerto, cualquier deporte sería positivo en un aeropuerto.

Ahora ya comienza a haber gimnasios. ¡Cuánto bien deben estar haciendo!

3. Una peluquería en un cine. Un buen corte de pelo antes de ver una película. Voy a cortarme el pelo y al cine. Que hubiera alguien que te propusiera un nuevo estilo, un afeitado o simplemente un masaje o un depilado sería estupendo. ¿Qué peli va a ver? Pues entonces le recomiendo tal o cual peinado.

4. Libros en los bosques. Pequeñas bibliotecas en medio del bosque. Ya que los libros provienen de allí, dejemos algunos allí. Creemos unos armarios y depositémoslos allí. Sin

duda, estaría bien subir a una montaña y encontrarte los libros perfectos para leer.

5.   Bares en los bancos. Pequeñas barras mientras esperas que te den un crédito o sacas parte de la nómina. ¿Por qué tiene que ser tan serio un banco, por qué no puede haber una barra para conocer a otros clientes, saber su tipo de interés, lo que esperan de su vida, de sus acciones? Seguro que mucha gente se iría por la mañana y diría alegremente: me voy al banco, vuelvo en diez minutos. Un buen café, un buen tentempié antes de decidir qué harás con tus ahorros. En un lado pides una tapa de calamares y en el otro doscientos mil euros, a ver qué te dan primero.

Decimoctavo descubrimiento: «Hiberna veinte minutos»

> No te muevas. Respira, no respires.
> *Hits que se escuchan en cualquier sala de radiografía*

Hay frases en el hospital que oyes hasta la saciedad; acaban formando parte de ti, como si se pusieran de moda. Es parecido a cuando una frase se hace famosa en un programa de televisión y la gente no puede dejar de repetirla. Pues en el mundo hospitalario ocurre lo mismo; ésta es una de ellas.

«No te muevas. Respira, no respires» es la que más escuchas cuando te hacen un tac o una radiografía. Necesitan sobre todo que no te muevas, que te quedes muy quietecito para que todo aparezca en su sitio. El tiempo de inmovilidad es de entre quince minutos a una hora y quince minutos. Por lo tanto hay que armarse de mucha paciencia para gozar de esos momentos; debes tomártelos como momentos de paz interior.

Sin duda para disfrutar con el cáncer tienes que disfrutar

de los tiempos muertos, ya que son la base de todo cuando tienes esta enfermedad. Eso es lo más duro: no hacer nada, estar quieto aunque por dentro tengas ganas de marcharte, de volar, de jugar, de trabajar.

Eso es lo que debes controlar, eso es lo que más cuesta aceptar. Estar en una sala solo, ya que nadie quiere irradiarse. ¿Y yo? ¿Acaso yo quiero irradiarme? Siempre me lo preguntaba cuando todos se marchaban.

Pero no se trata sólo de estar quieto sino también de estar en silencio.

Y por si todo esto fuera poco, no sólo tienes que administrar tu silencio sino también tu respiración. Mucho silencio, mucha quietud y mucha respiración controlada.

Sin saberlo, cada vez que me hacían una radiografía entraba en contacto con mi yo interior. Era como un acto de búsqueda y encuentro, un autoexamen; un yoga extraño que hacía que me sintiera mejor. Salía de la radiografía mejorado.

Por ello, cuando me curé, seguí utilizando ese método. Cada mes, intento dedicar un día a hacerme una radiografía. No tengo aparatos de rayos X en casa, pero no son necesarios para estudiarte por dentro.

1. Me echo en la cama. Cierro las puertas, apago los móviles y me quedo quieto, muy quieto.

2. Mentalmente me digo la frase número uno del hit parade: «No te muevas. Respira, no respires».

3. Durante veinte minutos lo hago. Me prohíbo cual-

quier actividad que no sea pensar en no moverme y racionar el aire que respiro.

4. Y, mágicamente, cuando acabas ese momento de no hacer nada consigues solucionar cuestiones oxidadas, encontrar sentimientos que parecían perdidos y creer (luego hay que comprobarlo) tener la solución para todo.

Quizá parezca meditación, pero en realidad es simplemente estarse quieto. Todo iría mejor en este mundo si todos nos quedáramos un rato quietecitos, muy quietecitos. Hibernaciones de veinte minutos.

Decimonoveno descubrimiento: «Busca a tus compañeros de habitación de hospital fuera de él»

> Eres mi hermano, mi hermano pequeño de hospital.
>
> *Mi hermano de hospital.*
> *Antonio el grande. Cantautor*

He tenido la suerte de tener grandes compañeros de habitación. En algún capítulo ya hablé de algunos de ellos. Son como hermanos por horas, por días o por meses. Pero ejercen de hermanos, de «amarillos» en potencia.

Me encanta esa sensación de llegar vestido de calle a una habitación, encontrarte a ese desconocido (con pijama y con la parte más vital de su familia al lado) y saber que en pocos días seremos íntimos.

Siempre que llegas a un hospital te dejan la cama más cercana a la ventana. Es como un pacto no escrito, pero saben que necesitarás acercarte al ventanal y mirar el mundo que dejas atrás momentáneamente. También existe otro pacto no escrito que es permitir que el primer día el enfermo no se ponga el pijama. Al recién llegado se le permiten veinticuatro horas de aclimatación.

Cuesta mucho dejar la ropa de calle y meterte en una cama a las doce de la mañana cuando te encuentras bien. Normalmente, después de ponerte el pijama, tardas casi veinticuatro horas más en introducirte en la cama.

En esas primeras cuarenta y ocho horas es cuando tu compañero de habitación comienza a ayudarte. A veces con palabras, a veces tan sólo con gestos. A veces, simple y llanamente, explicándote qué tiene, qué sintió y qué está notando en estos momentos. La experiencia es la base de la comunicación; verte reflejado hace que ganes media batalla.

Mi mejor compañero de habitación se llamaba Antonio y era de Mataró. Tenía un agujero enorme en la planta del pie, en el que cabía casi una pelota de ping-pong. Pero era puro fuego, puro nervio. Tenía más energía que casi toda la gente que he conocido más tarde.

Él tenía diecinueve años y yo tenía catorce. Me hacía reír mucho. Él me permitió estar casi cuatro días sin ponerme el pijama, y para ello me defendió ante médicos y enfermeras; les explicó que le gustaba verme vestido, que era como tener visita.

Tenía un pequeño piano en el que tocaba canciones, y poco a poco, a través de la música, me fue ayudando. Él tocaba y yo cantaba. Compusimos grandes canciones, la que nos proporcionó más éxito fue: «Dame un fin de semana» y tras ella: «Márcate un pase de sol».

Era una persona sensacional que, sin saberlo, se iba apagando día a día. Cada día venían menos médicos a verlo y llegaban más visitas de la calle. Ése es sin duda el signo más evidente de que te mueres: cuando comienzan a desfilar amigos a todas horas y los médicos espacian sus visitas porque ya no tienen demasiado que decirte.

Me hablaba del amor y de las mujeres. Era su tema favorito: cómo encontrar a la mujer perfecta, cómo encontrar al amor de tu vida. A falta de dos días para morir aún lo buscaba, aún filosofaba sobre ello. Yo creo que el amor era lo que lo hacía tan especial; esa búsqueda se reflejaba en su rostro.

Murió. Yo no lo vi morir. Jamás los veíamos morir; se los llevaban a morir a casa casi siempre. Sabíamos que cuando se marchaban morían, pero nos despedíamos en vida; eso siempre fue muy bonito.

Me dejó su piano, me dijo que algún día valdría millones. Aún lo tengo, aún lo toco. Sin duda, me dio parte de su fuerza. A él no lo compartí, pedí quedármelo entero; lo solicité y me lo concedieron. Todo él está dentro de mí y sin duda él es el 90 % de la pasión que hay en mí.

Tuve veinte compañeros de habitación: diecinueve fueron geniales, uno fue horrible (roncaba, no hablaba y era un tostón que sólo repetía: «Soy un ser humano»). Los diecinueve restantes me marcaron. La estadística es francamente positiva.

Aún ahora busco compañeros de habitación; creo que es lo que más busco. Puedes encontrar compañeros de habitación en la vida real; tan sólo debes saber que no los encontrarás en un hospital sino fuera de él: en un ascensor, en un trabajo, en una tienda.

Y es que los amarillos (ya hablaremos ampliamente de ellos en su momento) son la base del mundo.

Pero lo importante es buscarlos, buscar esos compañeros de habitación.

1. Fijarte en un desconocido. Alguien que te llame poderosamente la atención.
2. Hablarle. Tan sencillo como hablarle. Expresarle lo que te sugiere. Buscar la manera de adentrarte en él, suavemente, muy suavemente.
3. Concederle cuarenta y ocho horas. La gente siempre necesita cuarenta y ocho horas para bajar la guardia, para confiar, para ponerse el pijama, para aceptar a alguien.
4. Y disfrutar de tu compañero/a de habitación.

Pero eso es tan sólo el inicio. Si encuentras compañeros fuera, puedes también encontrar al resto: los celadores, los médicos, las enfermeras y los amarillos.

No quiero decir con eso que tengas que conocer médicos fuera del hospital y hacerte amigo de ellos, sino que hay gente que puede ejercer en ti del mismo modo en que un médico ejerce en tu cuerpo y en tu enfermedad.

1. Para mí encontrar médicos es encontrar gente que te pueda sanar o escuchar. Son necesarios, forman parte de la red amarilla o de amigos. Pero es necesario poder dividirlos,

poder crear una diferencia entre ellos, porque de ese modo sabrás que debes acudir a ese tipo de amigos amarillos doctores cuando no estés bien.

2. Las enfermeras/os son y serán gente que puede acompañarte a cualquier lugar, darte fuerza en silencio o estar contigo en miles de problemas que tengas. Son ese tipo de gente a la que acabas agradeciéndole algo que han hecho miles y miles de veces, porque que te acompañen a un lugar aburrido un día soleado de verano cuando podrían estar en la playa es impagable.

3. Los celadores son personas puntuales, son encuentros fortuitos, gente altruista que te echa un cable en un momento determinado de tu vida. Tanto puede ser en una carretera cuando tienes un problema con el coche como prestándote dinero después de un robo. Es lo que mucha gente denomina almas caritativas. Para mí eso son los celadores.

De los amarillos hablaremos largo y tendido enseguida. Paciencia, paciencia. Por ahora creemos el hospital fuera, el entorno.

Vigésimo descubrimiento: «¿Quieres tomarte un REM conmigo?»

> Las noches te dan fuerzas para cambiar el rumbo de tu vida. Tan sólo necesitas saber que quieres cambiar y que el amanecer no llegue pronto.
>
> *Cristian, el hermano de alguien a quien olvidé*

Las noches son el momento más amarillo del día. Me encantan las noches, permiten que se haga realidad casi todo.

Las noches en el hospital eran estupendas. Eran tranquilas. Durante años los pelones nos escapábamos por la noche, cogíamos nuestras sillas de ruedas e íbamos a la aventura, a recorrer esas seis inmensas plantas.

Aunque no teníamos moto, ni podíamos ir a la discoteca, teníamos sillas de ruedas y numerosos sitios que visitar y donde jugar. Todos los días cada uno elegía dónde ir, dónde pasar la noche. Mi lugar preferido era ir a ver a los «otros» pelones: a los bebés recién nacidos. Era una sensación extraña: íbamos, les hacíamos carantoñas, les hacíamos reír y ellos nos miraban y emitían sus ruidos.

Ellos tenían toda la vida por delante; la nuestra estaba a punto de tocar a su fin.

Siempre he creído en el poder de la noche; estoy seguro que la noche consigue que los deseos se hagan realidad. Han sido tantas las noches en el hospital en las que me he sentido capaz de vencer mis miedos y cambiar el rumbo de mi vida, que sin duda, esa fuerza sólo tiene un escollo: traspasar los sueños, traspasar el alba. Ahí es donde reside la gente con éxito, la gente que transforma sus sueños en realidad; ellos son capaces de superar el amanecer. Eso decía siempre Cristian, el hermano de alguien, de alguien que olvidé. A veces te marca más la visita que el visitado.

Yo siempre he intentado que mis mejores ideas naciesen bien entrada la noche; a las tres o a las cuatro de la mañana. Ese momento de la noche es el adecuado para trazar planes. Es como si cuando estás a punto de dormir, todo tu yo está de acuerdo con lo que piensas y te anima y te da fuerzas.

El sueño nos dulcifica. Cuántas buenas ideas ya no nos parecen buenas por la mañana, y cuántas veces aquello que decidimos cae de repente en saco roto. Creo que el sueño nos hace menos bestias y más humanos. Pero aún dudo de si eso es bueno.

Durante mi estancia en el hospital tomé las grandes decisiones en esas horas de vigilia, antes del sueño. Me encantaba despertarme a esa hora (todo el hospital dormía, incluso las enfermeras), parecía que todo el recinto fuera mío. Planeaba mi vida, creaba sueños y aspiraba a todo.

Cuando salí del hospital volví a hacerlo, confío mucho

en las madrugadas. Además, como sé que algún día llegará un medicamento para dejar de dormir estoy seguro de que entonces esa hora será la hora de una nueva comida: el REM.

El REM tendrá más importancia todavía que la comida y la cena. Tomarás los REMS con gente especial, gente que, como tú, cree en esa hora. Cuando llegue ese momento espero estar preparado.

Vigesimoprimer descubrimiento: «El poder de la primera vez»

> Los «retazos» son nuestro mayor tesoro. Son lo que somos.
>
> *Un maestro que nos daba clase. Nos hablaba más de los retazos que de las matemáticas porque creía que las matemáticas las olvidaríamos. Los retazos perduran*

Siempre comenzaba con la frase: «No hay nada como un buen retazo. Un retazo es un pedazo de vida que todos hemos vivido».

Yo creo mucho en los retazos (diría que hasta puede que más que el maestro; a veces el alumno puede superar al maestro) porque hubo un tiempo que los perdí. Los retazos ocurren sobre todo en la infancia y en la adolescencia. La vida de todos está llena de retazos.

Hubo un tiempo en el hospital en el que dejé de tener retazos, bueno, eso no es del todo cierto, los cambié por otro tipo de retazos. Retazos hospitalarios que comparto con otra gente que ha vivido en el hospital.

Los «retazos» podrían definirse como cosas que un buen día haces por primera vez y te marcan porque quedan para siempre dentro de ti.

Por ejemplo, éste es un triple retazo relacionado con los transportes:

1. Habrá un día que será el primero en el que sales andando del colegio con un amigo. Es la primera vez que bajas caminando, charlando de tus cosas. Todos hemos vivido ese momento: andar con alguien y separarnos en un momento dado. Es una forma de sentirte adulto. Es mágico, es un retazo de cuando se tienen siete u ocho años.

2. Años más tarde, hacia los dieciséis, vives otro retazo relacionado con llegar a casa. Ya no vas a pie a casa, sino que quieres coger tu primer taxi. Vas con un amigo, buscáis un taxi, no lo encontráis, maldecís los que no paran. Ése es otro retazo de maduración, de sentir que vas creciendo.

3. Y finalmente un día, a los diecinueve, tienes coche y llevas a un amigo (quizá el mismo que en los dos casos anteriores) a su casa. Y con ese amigo seguís hablando hasta las tantas en el coche. Nuevamente acaba de producirse otro retazo.

Creo que no hay nada en la vida que me guste más que buscar retazos. Después de descubrir los retazos, de que aquel maestro nos mostrara qué son, comencé a coleccionarlos. En el hospital, los retazos me servían para aguantar. Ocurren a una edad tan temprana que forman la esencia de tu vida.

Cada año rescato dos o tres retazos y me siento bien, me siento feliz con ese reencuentro.

La gente a veces olvida que somos el fruto de lo que vivimos en nuestra infancia y nuestra adolescencia; somos el producto de muchos retazos. Y a veces cerramos esa puerta cuando deberíamos tenerla siempre abierta.

Durante unos años, mis retazos fueron bastante extraños: mi primera amputación de pierna, mi primera pérdida de un pulmón. Pero no dejan de ser retazos.

Aun ahora, ya adultos, vivimos muchos retazos, lo que ocurre es que no nos damos cuenta. Creo que para conocerte debes volver a tus retazos, analizarlos y aceptarlos como son.

Mi vida está compuesta de retazos y olores, y eso es lo que hace de mí lo que soy.

Vigesimosegundo descubrimiento: «Truco para no enfadarse jamás»

> Busca tu punto de no retorno.
>
> *Radiólogo con orejas pequeñas y cejas enormes que nos hipnotizaba con su tono de voz y sus historias*

Creo que no hay nada que odie más que enfadarme; gritar, maldecir, no poder controlar ese momento.

En el hospital a veces maldecíamos nuestro destino, a veces nos enfadábamos con él. Un médico (un radiólogo que a veces nos contaba chistes cuando salía de guardia) nos enseñó a controlar nuestros enfados, a ser capaces de conocer nuestros límites.

Nos habló del «punto de no retorno». Ese punto en el que, una vez lo hemos traspasado, no podemos dejar de enfadarnos. Existe, es tangible, es material; podemos sentirlo y por lo tanto podemos controlarlo.

Nuestro amigo radiólogo nos hacía coger una hoja de papel y escribir qué notábamos antes de llegar a ese punto, los grados de enfado. ¿Cómo son? ¿Qué notas cuando sientes que no puedes controlar tu rabia y tu ira?

Era una lista de tres o cuatro puntos parecidos a los siguientes:

1. Noto que me está molestando lo que dice la otra persona.
2. Comienzo a notar que mi enfado crece.
3. He comenzado a chillar, noto que mi rabia se está apoderando de mí. Comienzo a perder el control.
4. Llego al punto de no retorno.

Si tardas cuatro puntos en llegar a ese momento notarás que justo antes de llegar, justo antes de perder el control y enfadarte, existe la posibilidad de parar. Notarás que justo antes quizá mueves mucho las manos o tu voz tiembla o dices tacos. Ésos son los efectos que debes controlar.

¿Cómo? Pues al principio pidiéndole a tu pareja, a tu amigo o a un amarillo que te diga una palabra clave cuando vea alguno de estos síntomas. Que diga: «pistacho» o «Estados Unidos». Lo que sea, para que tú te des cuentas de que estás llegando a ese momento. Al principio uno no nota sus puntos de no retorno, va tan acelerado, tan a tope, que la línea entre uno y otro estado es casi invisible.

Cuando te hayan dicho un par de veces la palabra clave notarás que empiezas a ser capaz de divisarla. Ése es el momento justo en el que debes apagar tu rabia, bajar un escalón, ya que si no llegas a ese punto serás capaz de controlarte. Todo se puede desconectar si no llegas a ese punto.

En el hospital comencé a practicarlo; mi palabra clave era «tumor». Siempre me ha gustado darle un valor más positivo a esa palabra. Poco a poco dejé de enfadarme; funcionaba y yo flipaba.

Cuando te vas haciendo mayor tus puntos de no retorno cambian de lugar. El paso de los años, las experiencias, hacen que nos enfademos menos y que nuestros puntos de no retorno estén más lejos. Así que es importante buscarlos; cada año hay que detectarlos, encontrarlos y detenerlos.

Es bueno enfadarse a veces, pero no es bueno llegar al punto de no retorno.

Vigesimotercer descubrimiento: «Gran truco para saber si quieres a alguien»

> Cierra los ojos.
> *Ignacio. Especial entre especiales*

Sin duda, éste es uno de los consejos que más me ha fascinado. En el hospital, en la planta 3 solía haber gente especial; la mal denominada gente con discapacidad mental. (Siempre me han parecido dos palabras que habría que borrar del diccionario.)

Creo que son gente especial porque hacen que te sientas realmente especial. Son personas con una gran inocencia que consiguen que todo se convierta en sencillo y fácil.

Quizá lo que más me entusiasmaba era ver cómo resolvían sus problemas, y sobre todo cómo lograban saber si querían a alguien. Yo siempre he creído que el gran mal de nuestra sociedad proviene del hecho de no saber si quieres o no quieres a la persona con la que estás. Eso nos crea muchos dolores de cabeza, muchas dudas. ¿Quiero o no quiero a la persona con la que estoy? ¿Es la adecuada? ¿Hay otra persona que me gusta más? ¿Qué hago?

Lo que debes hacer siempre que dudes es lo que hacían los especiales, lo que me enseñaron a hacer. No es nada espectacular, no es ningún gran truco o algo tan sorprendente que te deje con la boca abierta.

Muchas veces, cuando teníamos problemas, íbamos a verlos. Siempre hay un montón de datos que no tienen que ver con la decisión que tenemos que tomar, y ellos sabían detectarlos. Era como filtrar los datos que hay que tener para tomar la decisión correcta.

Ellos siempre nos aconsejaban, y nos decían: CIERRA LOS OJOS. Ese cerrar los ojos era casi mágico para ellos. Cerrabas los ojos y era como conseguir extraer todos los detalles sin importancia. Con ello lograbas eliminar un sentido, seguramente el sentido que más te distrae, por el que entra más información.

En el hospital practicábamos mucho cerrar los ojos. Ahora lo hago más que nunca, ¡he descubierto tantas cosas, he tomado tantas decisiones con los ojos cerrados! Y lo más increíble es que lo ves todo muy claro.

23 descubrimientos que sirvieron para enlazar dos edades: de los catorce a los veinticuatro años

Éstos son los 23 descubrimientos, y espero que con cada uno de ellos, cuando los leas, harás más descubrimientos.

Espero que te sirvan como base de ese mundo amarillo, base de un mundo diferente.

Yo los utilicé cuando me curé, los puse en marcha y me ayudaron a enlazar dos edades. Tú puedes utilizarlos para enlazar dos edades, dos momentos, dos sensaciones o simplemente vivir un instante, el actual.

Recuerdo que cuando yo los descubrí o comencé a ponerlos en práctica tenía veinticuatro años. Tal como comenté al inicio del libro, estaba totalmente curado y no podía creerlo; pasaron un par de días y me encontraba desorientado, sabía quién era, no sabía quién había sido.

Así que decidí sumergirme en mi infancia, en aquel chaval que tenía catorce años antes de enfermar, y comenzar a enlazar las dos edades: los catorce y los veinticuatro.

Fue algo mágico, increíble. Volvía a aquellos recuerdos,

veía lo que me gustaba o lo que deseaba y era como trasplantar eso en el joven de veinticuatro. Pasé ese año maravilloso tendiendo puentes, conversando con las dos personas que convivían en un mismo cuerpo. Fue sin duda el año más increíble de mi vida, en el que me escuché, me entendí y me respeté. Durante ese año, aprendí las lecciones del cáncer y las apliqué a la vida. Uno de los chavales, el de veinticuatro, tenía las armas contra el cáncer y el de catorce, tenía la inocencia de seguir viviendo sin aún haberlo conocido. Qué mejor que utilizar la sinergia de ambas fuerzas, de ambas energías.

Sin duda, el chaval de catorce habría sido de otra manera, y el chaval de veinticuatro, que lo sabía, sólo deseaba que se sintiera aceptado, querido.

Me gustaba cuando se ponían de acuerdo, cuando veía que en realidad no les separaban tantas cosas. En realidad quizá deseaban lo mismo pero lo expresaban de forma distinta.

También me entusiasmaba cuando discutían; en realidad era entonces cuando crecía, cuando me daba cuenta de que ya no tenían los mismos objetivos. Y eso era bonito, porque de alguna manera dos personas compartirían dos intereses, dos búsquedas. El debate es necesario para subsistir.

Al final de aquel año hice un pacto con el chaval de catorce: siempre tendría un voto, siempre escucharía su opinión. Ya que aquel chaval de catorce no podía ser lo que deseaba, le permitiría estar siempre conmigo. Y jamás me ha abandonado; yo voy creciendo y cumpliendo años, pero el chaval de catorce continúa dentro de mí, aconsejándome y dándome su opinión.

Sin saberlo, mucha gente olvida a su chaval de catorce, y creo que lo ideal es volver, sumergirte y crear puentes hasta ese momento. Es como nadar por el fondo de una piscina, atravesar un pequeño túnel y aparecer en otra piscina más pequeña; allí es donde están los catorce años. Habla, intercambia y rescata lo que puedas para la piscina grande.

Los chavales de catorce nos hacen ricos, nos hacen complejos. Al fin y al cabo es una época dura en la que acabamos tomando las decisiones más importantes, las que marcan nuestro carácter. El problema es que a veces lo olvidamos, a veces pensamos que estábamos equivocados y volvemos a reconstruirnos.

Creo que lo bonito es reconstruirte a través de quien ya eras: vuelve a los cimientos, vuelve a los catorce años. Sin duda allí está la base de quien eres. De quien querías ser. Ahora que lo pienso, éste podría ser otro descubrimiento: el vigesimocuarto. Ahí lo dejo.

Tan sólo cree en los 23 descubrimientos. Cree y se crearán. Y ahora demos paso a los amarillos… Ya es la hora…

PARA VIVIR...

Los amarillos

¿Le parece a Ud. correcto que un ingeniero haga versos?
La cultura es un adorno y el negocio es el negocio.
Si sigues con esa chica te cerraremos las puertas.
Eso, para vivir.

GABRIEL CELAYA

Los amarillos

Llegamos a uno de los capítulos más deseados por mí y que más emoción me produce escribir. Me apetece mucho hablar de los amarillos.

Tienes que saber que es la 1.41 de la mañana de una noche de agosto (cuando lo reescribo son las 11.08 de una mañana de octubre). Siempre he creído que situar el momento de la escritura, el día (es la madrugada de un jueves), le da sin duda más realidad a todo (plena mañana de un martes en la reescritura). Es una dimensión que jamás tienes cuando lees un libro. ¿A qué hora escribió aquello? ¿Dónde estaba? ¿Hacía calor?

Tuve la suerte de entrevistar hace unos meses a Bruce Broughton, el compositor creador de bandas sonoras tan famosas como las de las películas *El secreto de la pirámide* (*The Young Sherlock*) y *Silverado*. Hablamos sobre qué variables pueden tener que ver con la creación: ¿la pareja? ¿El lugar? ¿La temperatura? Él creía que la creatividad tiene que ver sobre todo con cómo recibes lo que ves y cómo lo transformas. Tu propia velocidad de transformación. Fue realmente un lujo escuchar a alguien que rebosa tanta creatividad, aunque reconoció que su velocidad de creatividad aumentaba con la soledad, el calor y la concentración personal.

Pero no nos apartemos del tema principal: los amarillos. Aparte de ser un capítulo del libro también da título al libro y le proporciona todo su color. Sin duda, es el gran tesoro que aprendí del cáncer. Siempre se aprende algo que va tres pasos o tres kilómetros por delante del resto; siempre hay un Induráin, un Borg; siempre hay alguien o algo que marca las diferencias. Y sabiendo, como creo que ya sabes, que me encantan las listas tenía que haber una gran lección que marcara la diferencia.

Éste será un capítulo largo, y como no quiero perderme, intentaré no irme por las ramas. Sobre todo porque si hay algo que desearía que extrajeras de la lectura de este libro, es el concepto de los amarillos.

Espero y deseo que dentro de unos meses la gente busque amarillos, utilice este término, lo haga suyo. Hay términos que aparecen y se hacen populares, a veces por cosas malas (tsunami), a veces por cosas buenas (internet), a veces simplemente por moda (metrosexual). Tampoco es que desee acuñar un término nuevo, pero creo que es necesario encontrar una palabra que defina este concepto. Los conceptos necesitan palabras, al igual que las personas necesitan nombres. Había un señor en el hospital que siempre me decía: «Te ponen un nombre y a vivir, ¡quién pudiera no tener nombre!». Yo siempre lo miraba y sonreía; no entendía qué quería decir. Me pasó muchas veces en el hospital; yo tenía quince o dieciséis años y el resto de pacientes rozaban los sesenta o setenta. Me hablaban como si fuese adulto, me daban consejos de adultos, me miraban como a un adulto. Sí, existe la mirada de adulto. Yo me apuntaba todo lo que no comprendía pero que presentía que entendería años más tarde.

Me encanta cuando la cabeza decide aceptar un concepto, un idioma, un sentimiento. Creo que el cerebro tiene combinación retardada para abrirse; hay que pulsar muchas teclas y con códigos diferentes para que se abra y deje entrar lo que al principio rechazaba. Tan sólo hay que encontrar la contraseña. Del mismo modo que espero hallar la que explique los amarillos.

En el hospital encontré muchos «amarillos», aunque en aquella época no sabía que lo eran. Pensaba que eran amigos, almas gemelas, personas que me ayudaban, ángeles de la guarda. No acababa de comprender por qué un desconocido que hasta hacía dos minutos no formaba parte de tu mundo, después se convertía en parte tuya, te entendía más que cualquier persona de este mundo y notabas que te ayudaba de una manera tan profunda que te sentías comprendido e identificado. Sin pretenderlo, lo que he contado podría ser una primera definición de amarillo.

Normalmente me ocurría con los compañeros de habitación. Enseguida se convertían en «amarillos» míos. No sé los ratos que me he pasado hablando con compañeros de habitación a horas intempestivas. Eran como hermanos postizos. Sí, exacto. En aquella época incluso les llamaba así: hermanos de hospital, hermanos con fecha de caducidad. La intensidad era como la que hay entre hermanos y la amistad era muy estrecha.

Pero según fueron pasando los años, me di cuenta de que las palabras «hermano», «amigo», «más que un conocido» quedaban cortas.

Recuerdo un día en el hospital en el que estábamos hablando dos o tres pelones sobre los «compañeros de habitación». Alguno los definía como ángeles; otro los definía como amigos. Y yo y otro chico dijimos: son amarillos. Nos salió a la vez. Y no sé por qué dijimos amarillos, pero tuvimos la sensación de que era la palabra que los definía. Yo creo mucho en el azar y en la suerte; pienso que el azar es mucho más poderoso que la suerte. Y no sé si por suerte o por azar, pero creo que hay una única palabra para definir ese concepto que se denomina «amarillo».

Nunca he comprendido que el concepto de amistad no haya evolucionado. A veces leo libros que hablan de la Edad Media, del Renacimiento, de principios de siglo, y siempre se habla de la amistad; un amigo siempre es un amigo. Los amigos son amigos y su repercusión en la persona amiga es bastante parecida en todas las épocas. En cambio, el mundo de la pareja y la familia sí que ha evolucionado. No se parece en nada la forma de relacionarse de una pareja o un núcleo familiar en la Edad Media a como la vivimos ahora; los roles, las costumbres, todo ha evolucionado.

Creo que éste es uno de los males de esta sociedad. El concepto amigo, el rol del amigo, ya no puede ser el mismo en la época tecnológica en la que vivimos. Yo creo que ahora es imposible mantener el contacto con los amigos de la misma manera que en décadas anteriores. Todo el mundo pierde amigos cada año, y las excusas son muy variadas: «vivimos en países distintos», «cambié de trabajo», «no tengo tiempo para quedar», «tan sólo hablábamos en el messenger de vez en cuando» o «éramos tan sólo amigos del colegio o de la universidad».

Perder a un amigo está siempre relacionado con dejar de verse. Los amigos se definen sobre todo porque son personas que se ven, que se ven muchas veces en la vida. ¿Puedes ser amigo de alguien si no lo ves jamás, si no quedas nunca con él? Teóricamente no se puede. Siempre teóricamente.

Por ejemplo, yo con mis amigos pelones nos veíamos siempre en el hospital; era una regla de oro. Nos ayudábamos, nos cuidábamos, pero una vez salíamos del hospital teníamos el pacto de no volver a vernos. No es que nos olvidáramos del otro, al revés, lo llevábamos dentro, pero no teníamos la necesidad de seguir viéndonos. Nos unía otra cosa.

Tardé bastante tiempo en comprenderlo, pero ellos fueron la base de los amarillos. Un buen día lo vi claro. Hay amigos que te dan amistad, hay amores que te dan pasión, sexo o amor, y finalmente hay AMARILLOS.

Curiosamente amor, amistad comienza con «am» y amarillos también. No, no es casualidad, estoy seguro de que la raíz «am» significa algo; algo que da cosas. Siempre he creído que las casualidades son subrayados, subrayados para que sepamos que debemos fijarnos en algo.

Quizá te preguntes si lo que quiero decir es que los amarillos son los sustitutos de los amigos. La respuesta es no. Los amigos, los amigos tradicionales siguen existiendo, todos los tenemos. Pero hay un nuevo escalafón, un nuevo concepto: los amarillos.

Todo el mundo los tiene, pero el problema es que aún no existía una palabra para definirlos. Estoy seguro de que los amarillos han existido siempre, pero se les ponía en el cajón de sastre de los amigos. O a veces un amarillo se convertía en un amor. El amarillo está entre el amor y la amistad, por eso muchas veces se confunde.

Antes de continuar, daré una definición de amarillo. Una definición de lo explicado hasta ahora.

AMARILLO. *Definición*: Dícese de aquella persona que es especial en tu vida. Los amarillos se encuentran entre los amigos y los amores. No es necesario verlos a menudo o mantener contacto con ellos.

Según esta definición: ¿cómo diferenciar los amarillos de los amigos? ¿Hay manera de saber quién es un amigo y quién es un amarillo? Pues la verdad es que sí. Sin duda, se necesita un poco de práctica y conocerse a uno mismo. Los amarillos son reflejos de uno, en ellos están parte de nuestras carencias y el conocerlos hace que demos un salto cualitativo en nuestra vida.

Voy a contarte un poco más sobre los amarillos. Imagina que estás en un aeropuerto, en un aeropuerto de una ciudad que no es la tuya. Hay retraso, de dos o tres horas. Estás solo en esa ciudad y de repente empiezas a hablar con alguien (chico o chica). Al principio puede parecer una conversación trivial o de contacto, pero poco a poco notas que hay algo entre vosotros; no hablo de amor o sexo, hablo de sentir que has encontrado a alguien (un desconocido) al que puedes contarle cosas muy íntimas y que notas que te comprende y que te aconseja de una manera diferente y especial.

El avión debe despegar, así que os separáis (en el mejor de los casos os intercambiáis el número de móvil o la dirección de e-mails) y dejáis de veros. Quizá os escribís, quizá os mandáis un mensaje, o quizá nunca más volvéis a veros.

Tradicionalmente, no se podría considerar un amigo a esta persona. Un amigo necesita tiempo, años, pero quizá esa persona os ha dado más que un amigo de seis o siete años (habéis compartido intensidad y confidencias). Además, una de las características de los amigos es que es un tipo de relación en que lo importante es verse frecuentemente o con asiduidad. Y sin embargo, te encuentras con que un desconocido te ha marcado y te ha hecho sentir mejor, aunque seguramente no volverás a verlo jamás.

Normalmente esta situación crea tristeza, una sensación de perder, no de ganar; de haber encontrado a alguien y saber que lo has perdido. Pero en realidad has conseguido «un amarillo». Uno de los 23 amarillos que tendrás en tu vida.

Seguramente te preguntarás: ¿un amarillo es un desconocido que me comprende? No exactamente. Un amarillo puede ser un conocido, un amarillo puede ser un amigo que un buen día sube a ese escalafón de amarillo. No debe ni tiene por qué ser un desconocido. Tan sólo tiene que ser alguien especial que haga que te sientas especial.

Lo más importante es que un amarillo no necesita llamadas telefónicas, no necesita años de cocción, no necesita que lo veas a menudo (una única vez es suficiente para ser un amarillo). Así que quizá mucha de esa gente que no ves a menudo, que ya no consideras amigo por falta de tiempo, quizá son amarillos.

Amarillo es la palabra que define a esa gente que cambia tu vida (mucho o poco) y que quizá vuelvas o no vuelvas a ver. Es como dar una nueva distinción a lo que antes se llamaba «mejores amigos».

Y sobre todo los amarillos no son fruto de la casualidad. Con esto quiero decir que en ese mismo aeropuerto podrías reconocer a algún amarillo (hay fórmulas para reconocerlos) y entablar una conversación para ver si lo es o no lo es, para saber si te has equivocado o si realmente tu radar funciona. Los amarillos se sienten, notas que puede serlo. No se inicia por casualidad una relación con un amarillo.

¿No has notado nunca mientras vas por la calle que alguien te llama la atención? No es en sí una cuestión sexual ni de belleza, es porque algo en esa persona hace que tengas que hablarle, que necesites decirle algo. Es un sentimiento, algo que no es amor ni sexo, aunque se supone que no puede ser amistad, ya que la amistad necesita tiempo o una actividad, un trabajo o un hobby común. Pues eso que sientes es fruto de ver a un amarillo, de tener la suerte de tropezarte con un amarillo de tu mundo.

Lo que deseo es que dentro de unos meses, después de la salida del libro, haya alguien que me pare (a mí o a ti) y diga: «¿Quieres ser mi amarillo?». Sería genial poder entrar así a la gente. Y como una de las características del amarillo (aunque no es exclusiva) es ser un desconocido sería perfecto.

Pero no nos alegremos todavía. Aún debes saber cómo encontrar a los amarillos, cómo distinguirlos y conocer la lista (no normas) de formas de relacionarse.

Todo el mundo sabe cómo relacionarse con amigos, con una pareja o con un amante (aunque puede haber mil y una combinaciones). En este caso, yo hablaré de mi forma de relacionarme con los amarillos. Te ofreceré, por decirlo de alguna manera, la teoría, la organización y la lista, y a partir de ahí cada uno encontrará la forma más cómoda de tratar con los amarillos.

¿De dónde procede la lista de formas de relacionarse con amarillos? Nuevamente de mi época en el hospital. Como he comentado antes, en el hospital encontrabas bastantes aspirantes a amarillos; de algún modo, vivir una situación tan extrema y pasar tantas horas juntos en un período corto de tiempo favorecía la aparición de un amarillo.

Creo que mi lista nació de las experiencias, de lo que hacíamos sin saberlo. Es curioso la cantidad de cosas que hacemos sin saber por qué las hacemos. Un amigo mío, Eder, escribió un relato en el que hablaba de «los tres segundos que aguantamos mirando el sol». Es cierto, aunque nadie te ha dicho que no puedes mirar más de tres segundos el sol, tú sabes que es cierto y no lo haces. Es curioso, el sol siempre está allí arriba, observándonos, dando calor, y en cambio qué poco le aguantamos la mirada. Sin duda es el gran amarillo. Lo sentimos, lo notamos, sabemos que está allí pero no debemos mirarlo mucho.

Algo parecido ocurría en el hospital. Recuerdo que cuando yo salía después de estar ingresado mucho tiempo me despedía de ellos y no sentía tristeza. Sabía que ellos se quedaban allí porque era donde les tocaba estar en aquel momento y yo me iba a casa, porque era donde debía estar. Otras veces, ocurría al revés: ellos se marchaban y yo me quedaba. No tenía sensación de abandonarlos, ni había la sensación de perder. Simplemente había la sensación de que esos compañeros de habitación o esos pelones te habían cuidado, te habían escuchado, te habían apoyado y te habían hecho crecer. Y sobre todo, te habían abrazado.

Y de ese modo llegamos a otra de las características de los amarillos, quizá la que más los diferencia de los amigos: sentir, tocar, acariciar. Jamás he comprendido lo poco que nos tocamos con los amigos, prueba de la poca evolución que ha habido en la amistad. Alguien puede ser amigo tuyo y quizá no has superado jamás la barrera de los diez centímetros de cercanía, no le has dado jamás un largo abrazo o no has visto nunca cómo se dormía o cómo despertaba. Ver cómo despierta alguien, cualquier persona, crea una sensación de cercanía, de verle nacer, de verle volver a la vida; eso es comparable a mil, o mejor dicho, a cien mil conversaciones.

Con todos los pelones, al estar en un hospital, al dormir cama con cama, nos habíamos visto muchas veces despertar. Ellos veían cómo despertaba y yo les veía despertar a ellos. Nadie debería esperar a pasar por una excursión, un viaje o una enfermedad para ver a alguien dormir y despertar. Se puede buscar. Es importante entender que los amarillos no son sólo amigos; la amistad tiene muy poco de sentir al otro, de tocarlo, de acariciarlo.

Creo que en la amistad está demasiado valorada la palabra, pero poco valorada en lo que respecta al sentirse, a la distancia física que separa a dos amigos.

Siempre he pensado que es muy injusto que la pareja se lleve el 95 % del contacto físico. Nadie pondría el 95 % de su dinero en un solo banco, sin embargo pones el 95 % de tus caricias, de tus abrazos, en una sola persona. Creo que ahí radica el error. Por eso hay tantas infidelidades, por eso la gente se siente tan sola, por eso notas falta de contacto físico, de cariño, de caricias.

Sé que llegados a este punto debes de hacerte una pregunta: ¿se puede practicar sexo con un amarillo? Y seguro que otra pregunta está pasando por tu cabeza: si hablamos de amarillos, ¿hablamos en masculino o en femenino?

Quizá estas preguntas te han venido ahora a la mente o quizá desde el primer instante que comencé a hablar de este concepto. Sea como fuere, hay que dejar claro que la respuesta nuevamente está condicionada por lo que yo pienso, por la forma en que yo he creado los amarillos y los he cultivado.

Lo fundamental en los amarillos es el cariño, la caricia y

el abrazo. Cuando hablo de dormir y despertar juntos, hablo de sentir la pérdida (el sueño) y el despertar (el renacer), jamás hablo de sexo. Con un amarillo no es conveniente practicar sexo. Se puede, claro, pero creo que la gracia de los amarillos, del concepto amarillo, de la esencia de los amarillos, es que los amarillos ganan terreno respecto a la amistad. Se llevan un 40 % del contacto físico cuando quizá antes no tenían ni un 3 %.

Llegados a este punto, creo que sería oportuno volver a definir a los amarillos.

AMARILLO. *Definición*: Dícese de aquella persona que es especial en tu vida. Los amarillos se encuentran entre los amigos y los amores. No es necesario verlos a menudo o mantener contacto con ellos. La forma de relacionarse con los amarillos es el cariño, la caricia y el abrazo. Consigue privilegios que antes estaban en posesión sólo de la pareja.

Intentaré hacer una lista de conceptos de cosas que pueden hacerse con un amarillo. La lista, como todo en este libro, no tiene que ser impuesto, ni mucho menos seguido a rajatabla. Luego, uno debe decidir lo que le sirve y lo que no le sirve. No es filosofía, no es religión, tan sólo son lecciones del cáncer aplicadas a la vida, y como tal deben entenderse. Así que no hay posibilidad de discusión; sé que alguien puede decir: «Con un amarillo puedes acostarte». Otro pensará: «Los amarillos son los amantes de toda la vida». Y un tercero dirá: «Todo esto de los amarillos no tiene ni pies ni cabeza, yo he tenido siempre amigos con los que he hecho las mismas cosas que tú dices que hay que hacer con los amarillos». Mi respuesta es que me alegro, me parece genial. Sin duda, todo el mundo tiene sus amigos y tiene su forma de comunicarse con ellos. Como decía un psicólogo del hospital: «La suerte es ser como eres. La desgracia es no poder entender cómo es la otra gente».

Sigamos, pero antes que nada hay que contestar a la segunda cuestión: ¿los amarillos son masculinos o femeninos? Puedes tener amarillos chicos y amarillos chicas, lo importante es el concepto amarillo, y para mí engloba a ambos sexos.

Volviendo a la cuestión de qué se puede y qué no se puede hacer con los amarillos, seguro que estarás ansioso por saberlo. Pues ahí va una pequeña lista de cuatro puntos. Luego ya añadiremos más.

Debo aclarar que no están en orden, ni tan siquiera tienes que realizar todos estos puntos con un amarillo. Lo importante de los amarillos es tener la sensación de haber encontrado un alma gemela, una persona que te marca (una evolución de la amistad).

Y tras cerciorarte de que cierta persona puede ser un amarillo, puedes intentar hacer estas cosas:

1. *Hablar*

En eso no se diferencia mucho de otro tipo de relaciones. Quizá el matiz es que se habla con un desconocido, y que lo que te ha impulsado a hablar es una sensación de que esa persona es un amarillo.

Con los amarillos sientes que les puedes contar secretos ocultos, abrirte. Puedes llamarles a horas intempestivas. Sientes que a veces no necesitas establecer contacto; puedes estar meses y meses sin decir nada y cuando vuelves a verlo todo seguirá igual.

Las palabras están demasiado valoradas, así que lo importante no es la cantidad sino la intensidad. Hay amarillos de dos conversaciones y otros de cincuenta.

2. *Abrazos y caricias*

Este mundo funcionaría mejor si hubiera más abrazos y caricias. En el hospital, nos apoyábamos en los demás, nos abrazábamos. (Y eso que lo primero que pierdes cuando estás enfermo son los abrazos; la gente lo cambia por las palmadas en la espalda. A veces pensábamos que no moriríamos de cáncer sino de las palmadas en la espalda).

El abrazo amarillo consiste en abrazarse aproximadamente dos minutos. Y sentir la respiración de la otra persona. Es importante sentir la respiración.

En cuanto a las caricias, ¿dónde hacerlas? Donde quieras. En la mano, en la cara, en el brazo, en la oreja, en la pierna. Donde creas que debes acariciar. Creo que uno de los grandes errores es no acariciarse más a menudo, sentir el calor de una mano, la temperatura y el tacto de una mano sobre ti.

Recuerdo que en el hospital nos acariciábamos. Era algo natural, normal. Era simple y llanamente cariño; no había ninguna otra connotación.

Creo que en ese aspecto los amarillos se apoderan de una parcela que siempre ha sido de la pareja. Pero no hay que tener ni miedo ni celos, ni tan siquiera pensar que será mal entendido; sólo hay que cambiar el concepto. Como dije anteriormente, el cerebro necesita la combinación correcta para dejar entrar nuevas ideas. Debes dejarte empapar antes de juzgar.

Acariciar y abrazar son dos parcelas que la amistad no tiene como propias, aunque es la evolución natural que necesitan los amigos. Los amarillos lo consiguen y lo disfrutan.

3. *Dormir y despertar*

Ver despertar a alguien es media vida amarilla. No tiene por qué ser en la misma cama, puede ser en dos camas, pero es importante conseguir ese clima, donde cada amarillo duerma y cada amarillo despierte siete u ocho horas después. ¿Con cuántas personas has dormido en tu vida y no has practicado sexo? ¿Ha sido por un viaje? Hazte esta pregunta. Seguramente será poca gente. Y si es en la misma cama, todavía serán menos. Éste es otro error de la sociedad: pensar en el dormir y en el despertar como algo funcional, cuando es un hecho tan importante como comer o cenar.

Todo el mundo cena y come con amigos. ¿Cenamos? ¿Comemos juntos? Es la parcela de los amigos. Eso y viajar.

Pero ¿dormimos juntos? ¿Despertamos juntos? Eso no entra dentro de lo habitual y es absolutamente necesario. Diría más, es vital.

Se cree que dormir es algo tan personal que debe ser solitario o compartido a través del sexo, pero ésta es otra parcela en que los amarillos ganan.

4. *Separarse*

Debes saber que un amarillo no necesita tanto tiempo como un amigo; no necesitas tenerlo toda la vida. Un amarillo puede ser de horas, de días, de semanas y de años. Del tiempo que se necesite.

Pero a un amarillo no hay que cultivarlo; no le debes nada, no debes cumplir con él. Tienen y deben tener caducidad. No debes ni tan siquiera enviarle un e-mail, una llamada o un sms para mantener algo vivo.

Estuvieron contigo, te ayudaron en determinado momento o les ayudaste en un momento concreto. Luego continúan su camino y se convierten en amarillos de otros.

Ese no sentir que estás obligado a nada es fundamental en el mundo amarillo. Las obligaciones, la confianza, lo estropea todo.

¿Hay amarillos que duren toda una vida? Claro que sí. Yo tengo un amarillo al que conocí con diecinueve años; llevamos catorce años de amarillos. Es mi amarillo más antiguo y todavía creo que nos quedan bastantes años.

¿Hay amarillos que duran horas? También. Son los que encuentras en una consulta externa de hospital, en un café, en un aeropuerto, en la calle, en una piscina. Amarillos de horas.

Mientras estuve en el hospital cumplí con mucha gente de allí las cuatro reglas que os he explicado: tuve muchos compañeros de habitación con los que dormí y desperté mientras estuve ingresado, con los que me abrazaba (cuando lo necesitábamos), con los que hablaba de todo (de muerte, de pérdidas, de cine) y a los que perdí, pero no sentí tristeza al perderlos. Sobre todo porque lo que aprendí de los amarillos, lo que me dieron, continúa dentro de mí.

Pero muchos de ellos no fueron amarillos. Creo que en mi época de hospital conocí tan sólo a cinco amarillos. El resto fueron amigos.

Sé que te preguntarás cómo se puede diferenciar y sobre todo cómo se pueden encontrar. ¿Cuál es la forma de encontrarlos? ¿Cuál es la forma de distinguir un amarillo de un amigo? Bueno, como en todo en la vida depende de las sensibilidades de cada uno, pero en el siguiente capítulo daré algunas premisas para responder a estas preguntas y a muchas más.

A menudo, yo como escritor y supongo que tú como lector, necesitamos que un capítulo se acabe. A veces para ir a dormir (una parte de vosotros estará en una cama ahora); otras veces para dejar una piscina, una playa, una hamaca, una silla o un sofá. Deseo y espero que ese sofá, esa silla o esa hamaca sea tu sitio favorito para leer.

Decía Stephen King que debes encontrar el mejor lugar de tu casa para escribir una novela porque luego desearás que el lector esté en el mejor de la suya leyendo. De esta manera se produce una comunicación total. Pues yo puedo asegurarte que estoy en mi silla favorita, escribiendo en mi pantalla escogida para la ocasión y sintiéndome muy feliz contándote todo esto.

Sin embargo, yo también necesito que se acabe el capítulo. Los escritores también deben acabar un capítulo para pensar, para reflexionar acerca de lo que han escrito y para hacer una pausa. Del mismo modo que quizá tú estés a punto de dormir, de ir a la playa o a la piscina, a comprar el pan o quedar con alguien que con suerte puede ser un amarillo.

¿Cómo encontrar a los amarillos y cómo distinguirlos?

¿Cómo? Ésa es una de las grandes preguntas. ¿Cómo saber si alguien es amarillo tuyo? ¿Cómo distinguirlo, cómo saber que lo es?

No hay una única manera; hay muchas. Voy a explicarte la teoría en la que yo baso todo el mundo de los amarillos, porque muchas veces hay que mostrar algo y luego explicar de dónde proviene. Ya he hablado un poco de los amarillos, ha sido un paréntesis entre «para empezar» y «para morir», pero en el «para vivir» he decidido que todo tenga que ver con los amarillos.

Yo creo que los amarillos están en este mundo para que tú consigas saber cuáles son tus carencias, para abrirte y para que la gente se abra. Sin duda, en el hospital, yo conseguí mejorar gracias a esos siete amarillos. Los amarillos te dan fuerza para luchar.

Como ves no hablo de paz espiritual ni de armonía, hablo de fuerza de lucha. No hay en los amarillos nada de religión ni de secta. Aparta de tu cabeza cualquier sensación relacionada con estos conceptos. Los amarillos nos ayudan en momentos difíciles y en momentos buenos, pero son individuales. Nuestros amarillos no forman parte de un colectivo; no habrá una nueva religión amarilla, ni una secta amarilla, ni tan siquiera un club de amarillos del mundo.

Cada uno debe ser capaz de buscar los amarillos cuando los necesite, pero no se trata de lanzarse a la calle como un loco a buscar un amarillo sino que los amarillos aparecen o te los cruzas cuando lo necesitas.

De ahí que cada persona sólo tenga 23. Sé que 23 te parecerán pocos pero creo que es el número exacto. Siempre he pensado en el poder del 23, creo que es un número mágico. La sangre tarda 23 segundos en recorrer el cuerpo humano, la columna vertebral tiene 23 discos, a Julio César le apuñalaron 23 veces. El sexo de una persona tiene que ver con el cromosoma 23 y cada hombre y mujer aportan al niño 23 cromosomas.

Realmente el 23 es alucinante. Pero no son estas razones las que me llevaron a creer que el 23 es básico en la vida sino porque yo también tuve una relación con ese número: perdí mi pierna un 23 de abril. Y sin duda comencé a creer lo que mucha gente dice, que el 23 tiene que ver con muchas vidas y que si te preguntas un número exacto de algo en este mundo, seguro que es el 23. Es un número que la naturaleza ama.

Así que yo creo en este número, en su potencial positivo. Estoy absolutamente convencido de que el 23 es un número mágico, un número que trae suerte. Curiosamente, también hay 23 descubrimientos en este libro.

Así que seguimos con la premisa de que sólo hay 23 amarillos en el mundo. ¿Cómo se encuentran? ¿Debo buscarlos poco a poco para que me duren toda la vida?

La respuesta de cómo buscarlos tiene que ver con uno mismo. Debes buscarlos cuando los necesites. Cómo encontrarlos tiene que ver con lo que yo denomino las marcas.

Las marcas o trazas son la forma de reconocer a un amarillo. Pondré un ejemplo: tengo un gran amigo que vive en Colombia, en Cali. Yo nunca he estado en Colombia, él nunca ha estado en Barcelona. Pero hace seis años nos conocimos en un chat de cojos; a él le falta una pierna y a mí también. Yo creo que alguien deseaba que nos conociéramos, nos marcó y nos soltó en dos parajes del mundo. La forma de conocernos fue esa marca, que era como una casualidad, un azar o una señal de que teníamos que encontrarnos. Cuando hablo de alguien no hablo de ningún dios, ni de ningún ser, hablo de la naturaleza, del orden de la naturaleza.

Pues con los amarillos pasa igual: alguien marcó 23 amarillos para que tú los encuentres. Así que debes ejercitarte para encontrar cuáles son tus marcas, porque no son las mismas para cada uno de nosotros.

Podría dejarlo ahí, como uno de esos secretos que no se desvelan. Hace poco estuvo en Barcelona Shyamalan, el director de *El sexto sentido*, y dijo que iba a contar un secreto, algo que no sabía nadie y que nos entregaba a nosotros. Todos nos acercamos, lo escuchamos con suma atención. Nos quería contar el secreto de su éxito, cómo hizo *El sexto sen-*

tido y por qué después de dos fracasos sabía que su tercera película sería un éxito.

Todo el auditorio estaba conmocionado, deseábamos saber la respuesta. Y nos dijo: «Decidí ver películas de directores que sólo hubieran tenido un éxito en su carrera. Vi esas películas y encontré ocho denominadores comunes, que son los que me sirvieron para crear *El sexto sentido*».

No contó más, no te miento. Era un secreto que te obligaba a pensar, creo que no hay nada peor. Todo el mundo se quedó defraudado; conocer un secreto no debe obligar a reflexionar. Pero quizá era lo que deseaba Night Shyamalan. Yo comencé a ver las películas que comentó y saqué mis ocho conclusiones, aunque no sé si son las suyas. Y con el tiempo agradecí que no nos lo dijera todo porque si no tan sólo le hubiéramos copiado y repetido. Cada uno debe extraer sus denominadores, sus conclusiones.

Así que yo te contaré la forma de encontrar las marcas pero luego debes ser tú quien trabaje para que sean una realidad. Para que sean algo tangible.

Todo lo referente a la forma de encontrar amarillos tiene que ver con la belleza. Siempre he creído que la belleza es algo sin sentido, caótico. Lo que a uno le parece bello a otro puede parecerle horrible. La belleza es relativa. ¿Por qué la gente se siente atraída por una forma de cráneo, por un tipo de cuerpo, por una manera de hablar, por una forma de mirar, por una forma de no mirar? Jamás lo he comprendido, es algo que me fascina. Puedes estar en una sala con cinco mil personas y podrías decir quiénes son bellos, quiénes poseen belleza de acuerdo a tu canon. Pero esa belleza tiene diferentes bifurcaciones; está lo bello en sentido poético, lo bello en sentido sexual y lo bello en sentido amarillo.

La belleza lleva camuflada la marca amarilla. ¿No te ha pasado nunca que veas entre una multitud a alguien a quien no puedes quitarle el ojo? Pero no tiene nada que ver con la sexualidad, no querrías acostarte con esa persona sino que llena un vacío en tu mundo. Crees que te comprende, que podríais ser amigos, que hay una energía común. Luego la persona desaparece y la olvidas. No perdura mucho en tu memoria, es como si su marcha no te creara tristeza, fuera algo que se acepta. Eso es parte del mundo amarillo; los amarillos se marchan y no crean tristeza. Y eso ocurre aunque no los conozcas.

Por lo tanto lo fundamental es poder diferenciar, extraer de la belleza las marcas que tienen que ver con los amarillos.

¿Cómo hacerlo? Voy a contarte mi método, el que yo utilicé para discernir las marcas de mis amarillos. Aunque no lograrás dar con todas, cada día das con más. Las apuntas, las corroboras y sobre todo las aplicas en los amarillos que ya posees. Son la comprobación de que son marcas.

El método en formato lista sería el siguiente:

1. Debes intentar comprender qué es la belleza para ti. Encontrar tus cánones de belleza y apuntarlos. Tienen que estar relacionados con personas que sólo verlas te llaman mucho la atención.

No deben ser sólo físicos, sino también sonoros, relacionados con los colores, con los objetos, con todo lo que tú crees que es bello.

Ejemplos hay miles. Si para ti la belleza tiene que ver con toallas blancas, apúntalo. Si tiene que ver con un corte de pelo, apúntalo. Si tiene que ver con el olor de una chaqueta de pana, apúntalo. Si tiene que ver con la forma en que se ven los ojos y la boca dentro de un casco de moto, también. Quizá has dado con algo tan extraño que realmente sea una traza amarilla. Las marcas amarillas acostumbran a ser complicadas y rebuscadas.

2. Una vez tengas la lista que, para ir bien, debería tener 100 ítems, debes comenzar a eliminar los que tengan que ver con la belleza sexual o amorosa.

Me explico. Todo lo que relaciones con sexo o con amor no cuenta. Seguramente habrás apuntado la forma en que tiene una persona los labios, pero seguramente eso tendrá connotaciones sexuales; no hablará de la belleza amarilla sino de la belleza sexual.

Pero debes tener cuidado, porque a veces puedes eliminar una característica que te parece sexual y en realidad es amarilla. Esas cosas pasan pero lo que debes hacer es aceptar el error, porque tarde o temprano se subsana y te das cuenta de ello.

Esto no es una ciencia, no debes volverte loco buscando y eliminando, sino que tienes que divertirte en esta búsqueda. Siempre tienes que divertirte, porque no hay ninguna verdad absoluta, tan sólo verdades relativas. Las equivocaciones son posibles y hay que aceptarlas.

Seguramente, de la lista de 100, quitarás alrededor de 77 características relacionadas con la belleza sexual o amorosa, así que quedarán 23.

3. Nuevamente 23, lo sé. Pues bien, esos 23 datos de belleza que no has podido eliminar, esos 23 datos que no sabes por qué pero que te parecen bellos son la base para comenzar a trabajar. Debes tener el radar encendido y cuando descubras como mínimo 3 de esas marcas en una persona puede haber una posibilidad remota de que sea un amarillo. Si son 9, la posibilidad deja de ser remota y comienza a ser una certeza. Si supera las 13, debes hablar con esa persona, porque seguramente será un amarillo. Si cumple los 23, bingo, lo tienes. Puedes dejarlo escapar si no lo necesitas en ese momento o hablar con esa persona si lo deseas o ves que te necesita.

Lo que debes recordar es que una cosa es encontrar al amarillo y otra cosa hablar con él.

Recuerda que los encontrarás, pero que no debes malgastarlos. No abundan y tienen fecha de caducidad. Así que tú mismo.

4. Y si decides hablar con esa persona, ¿qué pasará? Comenzará una relación amarilla que perdurará el tiempo que tenga que perdurar; puede durar horas, meses o años. Y cuando acabe hará que te sientas mejor, pero seguramente también te modificará. Y al modificarte, modificará tus marcas, tu interior.

5. Y nuevamente, cada dos años, más o menos, debes volver a buscar tus marcas. Cada dos años, la belleza amari-

lla se modifica debido al contacto con un amarillo. Así que te recomiendo que bianualmente busques las marcas.

Descubrirás que 15 o 16 continúan igual pero 8 o 7 se modifican. Es importante buscarlas para no equivocarse.

Sé que el trabajo es arduo, y que ahora tienes dudas. ¿Esas marcas pertenecen a la belleza amarilla, a la belleza sexual o a la belleza amorosa?

La forma mejor para comprobarlo es recortar fotos que veas y que te llamen la atención; fotos de personas en revistas, en periódicos, imágenes de internet. También idiomas con acentos que te llamen la atención. Olores que no puedas quitarte de la cabeza y te parezcan bellos. Imágenes que han perdurado en tu memoria.

Hay que hacer un recorrido mental por todo lo que nos parece bello. No centrarnos sólo en las personas sino en los lugares, en épocas de nuestra vida, en sentimientos y en sensaciones. Hay que rastrear mucho.

Ya lo dijo Night: para entender el secreto hay que trabajar mucho. Pero vale la pena. Hay que trabajar, pero el mundo amarillo vale la pena.

Sé que quizá algunos conceptos no te han quedado claros. Así que en el siguiente capítulo hay una batería de preguntas sobre los amarillos donde espero que esté la que te ronda por la cabeza.

Batería de preguntas amarillas

Me gustan los ordenadores. Por algún motivo congenio con ellos. Me gusta saber que cuando algo no funciona puedes apagar y encender de nuevo el ordenador; es una solución mágica.

Creo que no estaría mal que ocurriera lo mismo con las personas, que cuando no entendieras a alguien, cuando algo fuera realmente extraño, pudieras reiniciar a esa persona, apagarla y encenderla de nuevo.

Eso sería lo primero que aportaría a nuestro mundo; lo segundo sería el icono «deshacer» de los procesadores de texto como el Word. Me parece una función maravillosa. Si te equivocas y clicas deshacer, esa flecha que gira, vuelve a aparecer lo último que habías hecho.

No sé cuántas veces al día pulsaríamos el deshacer. Estoy seguro de que una media de cien o doscientas veces al día. Jamás nos parecería que tomamos la decisión adecuada.

¿Y si el deshacer funcionase retroactivamente? Estoy seguro de que mucha gente querría volver a sus veinte años y no hacer tal cosa, o a los quince y no hacer tal otra, o a los ocho... Incluso quizá hasta cuando nació, y no nacer.

La tercera cosa que me gusta es ese apartado que hay en todos los programas de «dudas que puede tener con este programa». Suelen ser dudas que ha tenido mucha gente, y los programadores, que ya lo saben, las incluyen en el mismo programa. Me gusta cuando encuentro mi duda en el archivo de ayuda, porque sé que resolveré mi problema. Pero ¿sabes?, también me alegra cuando no la encuentro porque me da la sensación de que no soy tan previsible como ellos creen. Me gusta que mis dudas sean extrañas, sorprendentes y sobre todo nuevas. Me hace sentir vivo.

Así que en la batería de preguntas sobre los amarillos no sufras si no está la tuya. Eso significa que estás vivo, muy vivo. Y seguro que encuentras la respuesta.

1. *¿Puede un familiar ser amarillo?*

Claro que puede. Los hermanos son nuestros primeros posibles amarillos, los principales candidatos. De pequeño duermes con ellos si compartes habitación. Te abrazas, te acaricias. Son y pueden ser amarillos.

En el caso de padres y madres también es posible, pero es menos probable. Pero seguro que hay casos.

Debes recordar que cualquier persona es susceptible de ser amarillo.

2. *¿Los amarillos pueden transformarse en amigos o en una relación de amor o sexo?*

Todo en la vida puede transformarse. Yo lo denomino perder color o intensificar el color. A veces se vuelven amarillo débil y se transforman en amigos. A veces cogen un color naranja y se transforman en amantes o en amores.

Tanto tú como tu amarillo decidiréis lo que queréis ser. Lo que es seguro es que luego no hay marcha atrás. Cuando el amarillo se intensifica o se decolora, nunca más vuelve a ser amarillo.

Así que piénsatelo bien.

3. *¿Y si descubro que alguien es mi amarillo pero esa persona no cree en los amarillos? ¿Debo decírselo?*

Bueno, los amarillos son cosa de dos. Con esto quiero decir que tú eres amarillo de alguien si esa persona es amarilla tuya. No es posible que alguien sea amarillo tuyo y tú no signifiques nada para la otra persona; la relación es biyectiva.

Ya dije que esto no sería fácil. También puede ocurrir que alguien no quiera ser tu amarillo (o porque no cree en ello o porque no te considera amarillo); entonces debes dejar que se marche, olvidarlo, quizá no era el momento para tener a ese amarillo.

En la vida hay que saber decir no y aceptar los «noes». Ya vendrán otros tiempos. Además, ¿quién sabe?, quizá te habías equivocado y no era un amarillo.

4. *¿De qué hablas con un amarillo?*

No he querido tratar esta cuestión antes porque yo creo que cada persona debe hablar de lo que quiera con su amarillo. No tienen por qué ser cosas muy profundas, pueden ser conversaciones banales pero que a uno le hacen sentirse muy bien.

La necesidad de encontrar un amarillo no es para tener conversaciones complicadas que arreglen el mundo o tu mundo sino que de alguna manera esas personas den sentido a tu vida. Armonizan tu lucha interna, te dan paz.

Tampoco he querido hablar mucho de ello para no condicionarte, para que no pienses que tienes que hablar de determinado tema. Los temas surgirán, no te preocupes. Vienen con los amarillos.

Yo creo que todo el mundo tiene su círculo de personas con las que puede hablar de todo, con las que se siente bien, a las que les une algo especial. Ésos son ejemplos de amigos que deberían convertirse en amarillos inmediatamente.

5. *Si yo soy un chico ¿tendré más amarillos chicos o chicas?*

No es una cuestión de sexo; nada en la vida es cuestión de sexo. Supongo que tendrás amarillos chicos y amarillos chicas. La belleza de la que hablamos no está relacionada con tu sexualidad sino con detalles o marcas que aparecen y no comprendes a simple vista.

Habrá un poco de todo, al igual que con las edades; no hay ninguna regla fija.

Aunque siempre hay excepciones. No tienes que condicionarte buscando reglas, tan sólo pensar en listas.

6. *¿Y si alguien finge que soy su amarillo pero en realidad busca caricias, abrazos y dormir conmigo?*

Siempre que creas algo, un concepto, alguien lo pervierte o lo utiliza o lo modifica. Somos nosotros quienes utilizaremos el concepto amarillo y somos nosotros quienes debemos saber usarlo.

Así que la respuesta es que si lo descubres te darás cuenta de que va contra todo lo que significa el concepto amarillo y sabrás qué hacer.

7. *¿Y si no sé hacer la lista? ¿Y si no tengo amarillos? ¿Puede ser eso posible?*

Puede ser que en la época en la que te encuentres no los necesites, y si no los necesitas quizá no encuentres las marcas. Date tiempo, no es algo que debas conseguir en media hora, te puede llevar incluso un año.

8. *¿Cuáles son tus marcas?*

Creo que cada uno debe mantener sus marcas en secreto, por eso no las he contado. Creo que no son cosas que uno deba hacer público. Es como si perdieran su valor. Ya que realizas el trabajo de encontrar las marcas, debes saber valorar ese trabajo. Y debe ser tuyo, propio y privado.

Puedes quizá contárselo a otro amarillo si lo necesitas, pero creo que no te hará falta.

9. *¿Debes decirle a alguien si quiere ser tu amarillo o puedes simplemente conocerlo sin decir que es tu amarillo?*

No hace falta preguntar siempre a alguien si quiere ser tu amarillo, puedes seguir haciendo como hasta ahora: conocer amarillos y no volver a verlos, pero lo bueno es que ahora sabes que esa persona era un amarillo. Te quedarás más tranquilo y te sentirás más feliz.

10. *¿Puedo presentar a dos amarillos? ¿Pueden ser amarillos entre ellos?*

No tienen por qué, ya que las nueve o diez marcas que te hicieron pensar que era un amarillo no serán las mismas que hizo que la otra persona piense que tú eres su amarillo.

Claro que puedes presentarlos, eso sería genial, pero no significa que serán amarillos entre ellos.

11. *¿Y qué pasa con los amigos? ¿Son de segunda división entonces?*

Ni mucho menos. Los amigos están ahí, pero algunos evolucionan y se convierten en amarillos. Es como si hubiera otro escalafón.

Ésta es una lista sobre las relaciones. El orden no indica que una sea mejor que otra:

1. *Conocidos*: gente que ves una vez en el trabajo, en la calle, que te presentan pero con la que no has sintonizado todavía.

2. *Amigos*: pueden ser del colegio, del trabajo, de la universidad, de tu hobby. Son personas que te caen bien, con quienes sientes afinidad, con las que te diviertes, que te ayudan, que te cuentan cosas y con las que también te puedes abrazar y acariciar y dormir junto con ellas. Siempre que os apetezca.

Quizá no son amarillos pero eso no debe impedir que les des el mismo trato que a los amarillos.

3. *Amarillos*: cada persona tiene 23, y son algo más que amigos. Son personas que te encuentras y cambian tu vida (a corto o a largo plazo). Afecto, abrazos, caricias, dormir junto a ellos. Equilibran el afecto en tu vida, quitan el monopolio a la pareja. Los amarillos se llevarán el 40% del contacto físico.

4. *La pareja o el amante*: continúa existiendo, eso no cambia, pero ya no tiene el monopolio del contacto físico. Tiene que aprender a compartir y saber que ahora el 40 % lo tienen los amarillos. No significa que la pareja pierda un 60 %, sino que ahora tienes un 140 % de contacto físico.

Aunque en mi mundo ideal lo mejor sería transformar a los amigos y convertirlos en amarillos, superar la barrera de los 23.

12. *¿Y si mi pareja no entiende que tenga amarillos?*

Todo cambio resulta complicado. Los celos son normales. ¿Cómo comprender que la persona que amas duerma con otras personas? Pues comprendiendo el concepto, comprendiendo que en este mundo necesitas ver despertar y ver dormir a los amarillos.

Sé que podría escribir un centenar de preguntas. Pero siempre aparecen 12 en los manuales de los programas, las 12 principales. Así que, como te he dicho, si la tuya no está alégrate; no es de las típicas, es nueva.

Conclusiones sobre los amarillos

«Para vivir» llega a su fin... Éste es un breve resumen de lo que debes hacer para encontrar tus amarillos. Una pequeña lista que te guiará en este nuevo mundo. Ese nuevo peldaño para tus amigos, esa nueva forma de entender el mundo.
Hazlo, cambiará tu mundo.

1. *Haz una lista de los amarillos que crees haber tenido*

Primero recupera todos los amarillos. Sin saberlo habrás tenido cuatro o cinco que hasta el momento no sabías que lo eran. Ponlos en una lista, pero no sufras por haberlos perdido; eran y son amarillos. Hasta puedes llamarles y decírselo.

2. *Busca tus marcas amarillas*

Piensa en la palabra belleza y haz una lista de las marcas. Elimina todas las que sean marcas sexuales y amorosas. Esa lista es la base de todo.

Utiliza fotos, imágenes, olores y hasta la lista de amarillos que ya tienes. Ellos seguramente serán la base de tus marcas amarillas.

3. *Busca amarillos y deja que te encuentren*

Busca cuáles son tus amarillos. Los puedes encontrar en tu trabajo, en la calle, en una estación de tren. Deja que te entren y éntrales a ellos.

Tan sólo es necesaria una pregunta: ¿quieres ser mi amarillo?

4. *Disfruta de tus amarillos*

Lo fundamental es la conversación. Notarás cómo fluye todo de una manera increíble; cómo se abren a ti y tú te abres a ellos.

Deja que te inunde la esencia amarilla. Y sobre todo apuesta por el contacto físico, sin miedo, sin celos, sin ningún tipo de vergüenza.

5. *Piérdelos, mantenlos, renuévalos*

Depende de ti. Pueden ser amarillos para toda la vida, o pueden transformarse en amigos, en amantes, en lo que tú desees.

Y recuerda, los amarillos te renuevan. Te cambian, así que cada año intenta volver al punto 2 y buscar nuevamente tus marcas.

Sobre todo disfruta. Ésa es la base. Disfruta.

¿Qué mejor que acabar con una nueva definición de amarillo?

Amarillo: Persona especial en nuestra vida a la que acariciamos, abrazamos y con la que dormimos. Marca nuestra vida y no necesita tiempo ni mantenimiento. Hay 23 en nuestra vida. Las conversaciones con ellos hacen que mejoremos como personas y descubramos nuestras carencias. Son el nuevo eslabón de la amistad.

Y DESCANSAR...

El fin amarillo

*No seas tan loco. Sé educado. Sé correcto.
No bebas. No fumes. No tosas. No respires.
¡Ay sí, no respires! Dar el no a todos los «no»
y descansar: Morir.*

GABRIEL CELAYA

El fin amarillo

Aunque todo ha versado sobre la vida, debía acabar, tal como hizo Celaya, con el morir.

Fue la lección que aprendí del cáncer. Perdí el miedo a morir y eso es algo que pensaba que olvidaría cuando comenzara a vivir sin cáncer, pero ocurrió lo contrario. Sigo sin tener miedo a la muerte y eso tiene mucho que ver con los años de lucha contra mi enfermedad y con el contacto tan continuado con la muerte. Como ya conté, murieron muchos amigos míos. Aunque todos están cerca de mí y los llevo dentro, muy dentro.

En muchas de las conferencias que hago, me han preguntado cómo se pierde el miedo a la muerte. ¿Cómo se consigue? ¿Se debe pasar por una enfermedad mortal? ¿Qué significa perder el miedo a la muerte: eres más osado, eres más impulsivo, no temes a nada en la vida?

La gente desea una receta rápida: haz esto y perderás el miedo a la muerte. Las recetas no existen. Existen las listas de consejos, las listas de cosas posibles para hacer. Pero como todo, uno debe interiorizarlas, creer que son verdad y, poco a poco, ponerlas en práctica.

En estas conferencias, suelo explicar la importancia de hablar de la muerte. No puedes perderle el miedo a algo si no hablas de ello. Tienes que pensar que es algo natural, algo por lo que pasarás, algo no negativo.

La muerte no es mala. La muerte siempre dignifica, siempre te da un fin.

Yo he escrito muchos guiones y lo primero que comento a mis alumnos es que, para ser un buen guionista, tienes que saber cómo acabarás la película, cuál será el fin. Con un buen fin eres capaz de tener una buena peli, si no sabes nada del fin, si le tienes miedo, la película puede que no acabe. Muchas veces se me han ocurrido finales que merecen una historia; a veces la encuentras y a veces no. Pero sin un final no puedes hacer nada.

En la vida pasa igual. Tienes que hablar con naturalidad de tu final. Hablar de tu muerte y de la muerte de la gente que tienes a tu alrededor.

Puede parecer complicado pero en realidad es sencillo, simplemente tienes que ponerlo en práctica. En el hospital, con los pelones hablábamos mucho de la muerte; todos sabíamos que podíamos morir pronto y eso nos daba ganas de hablar de ello. Saber cómo lo llevaría cada uno, saber cómo el otro deseaba morir, saber qué pensaría de tu muerte.

Siento que mi corazón se emociona cuando hablo de esto; eso es bonito. No hay que confundir emoción con tristeza. Siento emoción, pues me produce alegría pensar en aquellos chavales que murieron. Jamás he sentido por ellos compasión o tristeza; no se lo merecían, no merecían que su recuerdo estuviera relacionado con ninguno de esos dos términos.

Hay gente que me dice que no es fácil preguntarle a alguien cómo quiere morir o cómo desea ser recordado. Siempre les digo que lo mejor es comenzar desde lejos e ir acercándose. A mí me encanta preguntar a gente con la que hago amistad la siguiente cuestión: ¿cuál es la muerte que te ha afectado más?

Esta única pregunta sobre la muerte abre caminos. Descubres tantas y tantas cosas… Al fin y al cabo la gente habla de trabajos que hará, novias que tendrá o viajes que realizará. Y seguramente no hará esos viajes, ni tendrá esas novias y quizá no logre esos trabajos. Pero seguro que morirá.

Por ello, hablar de la muerte que más te ha dolido, seguramente hará que hables de la muerte que no has superado. Las más dolorosas son las no aceptadas, las más recordadas.

¿Qué debes hacer cuando alguien te habla de una muerte cercana no superada? Simplemente, escuchar, preguntar mucho y poca cosa más. Es casi como cuando te hablan de un viaje o de una nueva experiencia. Y sobre todo no sentir compasión. ¡Qué absurda es la compasión! No sirve absolutamente para nada.

Yo pienso que la muerte marca de un modo que la vida no puede hacer. Hay personas cuyo padre o cuya madre murió cuando eran pequeños. Estos chavales hablan de su madre de una manera especial, les ha marcado y les ha obligado a hacer cosas que quizá no habrían hecho. Morir es necesario para dejar legado, es importante para poner el broche de oro.

Debes pensar siempre en la muerte como en algo bueno. Al fin y al cabo la gente celebra vida, celebra bautizos, así que debería celebrar muertes próximas. A partir de entonces formará parte del recuerdo, de la dignificación.

Sé que alguien puede pensar que frivolizo sobre la muerte, que defiendo que es bonita, pero seguro que has pasado por la dolorosa muerte de seres queridos y no le encuentras nada bello. Pero lo que debes recordar es que la muerte en sí no existe. Cuando alguien muere se transforma en la gente que ha conocido. Sus recuerdos perduran, su vida se divide entre la gente que lo conoció. Es como si se multiplicaran en mucha gente.

No relaciones la muerte con el dolor. No relaciones la muerte con pérdida. Relaciónala con la vida, relaciónala con un fin digno. No pienses que desapareces, no tengas miedo a desaparecer. Es algo que tarde o temprano harás.

Yo creo que cuanto más hablas con tus familiares y amigos sobre tu propia muerte más preparado está todo el mundo. Y no hablo de hacer testamento, sino simple y llanamente de pedir cosas que te gustaría que hicieran cuando murieras. En el hospital los pelones deseaban un montón de cosas, por ejemplo que, una vez muertos, los que quedábamos fuéramos a Nueva York a un concierto de música. Deseos desde la muerte, deseos preciosos que he ido cumpliendo. Deseos llenos de vida.

Cuando escribí *Tu vida en 65'*, la película que dirigió Maria Ripoll, quise ir aún más lejos. La película hablaba de un chico que era tan feliz que no deseaba buscar más, era tan feliz que ponía su broche de oro. No era una película que hiciese apología del suicidio sino que era apología de la vida y de la muerte. ¿Por qué no puedes desear morir de la misma manera que mucha gente desea vivir? ¿Por qué si lo tienes todo en la vida, si has alcanzado una felicidad extrema tienes que buscar y buscar más? Éstas eran las premisas de la peli. A veces, tienes y debes ir a los extremos para que la gente se centre.

A mí me gustaría morir un viernes. Me gustan los viernes: estrenan películas de cine y la gente suele sentirse feliz. De pequeño me gustaban especialmente porque los viernes venían a buscarme mis padres al colegio, me daban un bocadillo de atún e íbamos a Cardedeu donde teníamos una casa de veraneo. De camino siempre encontrábamos atascos y mi padre ponía la radio; en ese escenario aparecieron las primeras canciones que me emocionaron. Recuerdo sobre todo cuando sonó «Llamé solo para decirte que te quiero» de Stevie Wonder. Esa canción hizo que dejase de comer el bocadillo de atún, esa canción me pareció tan hermosa que me quedé embobado mientras se mezclaban las cortas-largas-cortas de los intermitentes con esas trompetas y esos violines.

¡Me gustaría morir un viernes porque los viernes pasaban cosas tan hermosas!

Deberías comenzar por desear una fecha para morir: un

día, una estación, un lugar. No es macabro, la muerte no es macabra, abandonar este mundo no es macabro. Por lo tanto, reflexionar sobre tu muerte es necesario y debería ser obligatorio. En el colegio debería haber la asignatura «Vida y muerte». No sería de humor negro, sería divertida, sería importante que desde pequeños tuviéramos contacto con nuestro final. Ese gran libro que es *Martes con mi viejo profesor* decía: «Aprende a morir y aprenderás a vivir». Yo deseo ir más lejos: piensa en tu muerte, piensa en datos, piensa en ese fin y podrás pensar en tu vida, en datos concretos de lo que deseas hacer en este mundo.

La muerte es el fundamento del mundo amarillo. El mundo amarillo se basa en saber que puedes perder y puedes ganar. Esta vida trata de eso: de perder y de ganar. Habrá épocas en las que sólo perderás, así que recuerda que hubo un tiempo en el que sólo ganaste.

Para finalizar este capítulo aquí tienes una pequeña lista sobre la muerte:

1. Piensa en la muerte como en algo positivo.
2. Habla con tus amigos sobre sus muertes o muertes que les hayan impactado. Deja que la conversación fluya, olvídate de la compasión y de que estás tratando un tema tabú.
3. Cuando alguien muera y vayas al cementerio o al tanatorio, no intentes evitar hablar de ello. Habla del muerto, de tu relación con él o con ella. Olvida las frases: «te acompaño en el sentimiento», «siento su muerte». Busca las frases que realmente definan su muerte. No existe una frase

tipo para un entierro, no utilices una frase que no dice nada. Debe salir de ti, quizá sea un detalle de su vida, quizá lo que sentiste al conocer su muerte.

4. Llama a los familiares y amigos después de la muerte de la persona querida. Sin miedo, veinticuatro horas después llama, pregunta, habla de qué sienten; y sigue haciendo esta pregunta durante el tiempo que creas necesario. Seguramente será lo que más le ha marcado en la vida. ¿Por qué crees que le molestará hablar de lo que más le marca en la vida?

5. Piensa en tu propia muerte. Piensa en el día, la estación, la temperatura que debería hacer, el lugar, con quién te gustaría estar. No pienses en si quieres ser incinerado o enterrado. Piensa en el momento, justo en el momento, no en lo posterior.

6. Habla con tus amigos de esos detalles. Y explícales cosas que te gustaría que hicieran, cosas llenas de vida. No cosas para hacer en el aniversario de tu muerte ni en el cementerio sino cosas que rebosen vida.

Hubo un pelón que me dijo que si un día moría y yo escribía un libro, le gustaría que en algún momento apareciese la palabra pomelo en el libro. A él le encantaban los pomelos, le parecían la mejor fruta del mundo. Le dije que lo haría. Murió un año más tarde. Ahora, veo escrita la palabra pomelo y siento que él vive, está en su plenitud y se cuela dentro de ti. Puedes imaginar una cara, unos ojos, lo ves comiéndose ese pomelo. ¿Puede estar muerto alguien que nos hace sentir tanto?

7. Muere. Cuando sea, cuando toque. No busques la muerte pero no le tengas miedo. El cáncer hizo que muchas veces tropezara con la muerte, que me la encontrara de frente. Y olvida tus miedos: perder a tu gente, perder tus cosas, perder lo que eres. En realidad, no pierdes nada, absolutamente nada. Créeme, aparta el miedo, aparta el pavor y mira a la palabra muerte de tú a tú. Visualízala, tan sólo eso.

Epílogo...

Esto se acaba.

Me siento bien.

Me gusta lo que he contado, espero que te guste leerlo.

Las últimas palabras hacen el viaje de mis recuerdos de pelón a estas páginas.

Gracias, Eloy, por ese precioso prólogo. Lo acabo de recibir y me ha tocado, me ha emocionado hasta el esófago. Me entusiasmas.

Veo el grosor del libro, veo el color amarillo. Siento que esto puede fluir y fluirá.

Nada más, os dejo. Y espero que me encontréis.

Y recuerda: si crees en los sueños, ellos se crearán.

Albert Espinosa

Barcelona, agosto de 2007 (octubre de 2007)